GANDHI

Colección
Grandes Biografías

© EDIMAT LIBROS, S.A.
c/ Primavera, 35 Pol. Ind. El Malvar
Arganda del Rey - 28500 (Madrid) España

Edición Especial para
**Ediciones y Distribuciones
PROMO-LIBRO, S. A. de C. V.**

Primera edición *EDITORS, S. A.*

Título: *Gandhi*
Diseño de cubierta: *Juan Manuel Domínguez*

Dirección de la obra:
*FRANCISCO LUIS CARDONA CASTRO
Doctor en Historia por la Universidad de
Barcelona y Catedrático*

Coordinación de textos:
*MANUEL GIMENEZ SAURINA
MANUEL MAS FRANCH
MIGUEL GIMENEZ SAURINA*

ISBN: 84-8403-706-1
Depósito legal: M-12032-2002

Imprime: *LAVEL Industria Gráfica*

IMPRESO EN ESPAÑA - PRINTED IN SPAIN

INTRODUCCIÓN

Si tenemos en cuenta que Gandhi se llamaba Mahatma, tendremos definido al instante su espíritu, mejor dicho su grandeza de espíritu, porque Mahatma significa «Alma Grande».

Y Mahatma Gandhi preconizó durante toda su existencia la práctica de la no-violencia para conseguir cualquier propósito en la vida. El suyo era la independencia de la India, que durante tantos años había sido una colonia británica.

La no-violencia, según Gandhi, es ley de la humanidad, como la gravedad es ley cosmológica.

> «La gravedad —decía Gandhi—, es sumamente antigua, aunque fue descubierta hace relativamente poco tiempo. La no violencia reglamenta a la humanidad desde su origen, pero sólo hoy día ha sido descubierta.
>
> «Y esta toma de conciencia sobre la ley de la no violencia ha de permitirle a la humanidad realizar grandes cosas, como la descolonización de la India por vía no violenta, cosa imposible anteriormente.»

Gandhi, con sus teorías y sus prácticas sobre la no-violencia (no hay más que recordar sus famosos ayunos protestatarios), nos elevó a todos por encima de nuestra pasividad e indolencia.

Gandhi puso como condición esencial de la no-violencia la fe. Así, en uno de sus libros Mis experiencias con la verdad, Gandhi explica cómo puede conseguirse la emancipación personal, como él la consiguió.

En uno de sus discursos, Gandhi formuló su teoría de la no-violencia con estas palabras:

«Nosotros uniremos nuestra capacidad para infligir sufrimientos con nuestra capacidad para resistirlos. Uniremos nuestra fuerza física con nuestra fuerza espiritual. No podemos odiaros (se refería al gobierno inglés y a los ingleses que dominaban la India), y no podemos con plena conciencia obedecer vuestras leyes injustas. Hacednos lo que queráis y seguiremos queriendo. Asaltad nuestras viviendas y amenazad a nuestros hijos, enviad a vuestros perpetradores violentos y encapuchados dentro de nuestras comunidades y arrastradnos a alguna calle lateral, pegadnos y abandonadnos medio muertos, y todavía seguiremos amándoos.

«Pero pronto os reduciremos con nuestro amor y nuestra capacidad para sufrir. Y al obtener nuestra libertad, apelaremos de tal manera a vuestros corazones y conciencias, que terminaremos por uniros a nosotros en el mismo camino.»

Era ésta, en resumidas cuentas, la actitud de Mahatma Gandhi frente a la violencia, frente al dominio injusto de una nación sobre otra.

Y esto es lo que durante toda su vida predicó el líder indio Mahatma Gandhi, lo que durante toda su vida fue fuente de sus padecimientos, de sus detenciones, de sus ayunos.

Bibliografía

M. GANDHI: *Mis experiencias con la verdad (Autobiografía)*, Eyras, Madrid, 1983.
— *¿Defensa armada o defensa popular no violenta?*, Nova Terra, Barcelona, 1977.

— *Todos los hombres son hermanos*, Atenas, Madrid, 1981.

C. DREVET: *Gandhi. Su pensamiento y acción*, Fontanella, Barcelona, 1962.

L. FISCHER: *La vida de Mahatma Gandhi*, Argos Vergara, Barcelona, 1983.

Ch. KUMAR y M. PURI: *Mahatma Gandhi. His life and influence*, Heinemann, Londres, 1982.

S. LASSIER: *Gandhi et la non-violence*, Seuil, París 1970 (Trad. Ediciones Paulinas, Madrid, 1983).

R. PAYNE: *The Life and Death of Mahatma Gandhi*, The Bodley Head, Londres, 1969 (Trad. Bruguera, Barcelona, 1976, 2 vols.)

R. ROLLAND: *Gandhi*, Ed. Siglo XX, Buenos Aires, 1976.

HEIMO RAU: Gandhi, Salvat, Barcelona, 1987.

ANA FRAGA: *El pensamiento político de Gandhi*, Colección «Lee y discute», Z, «Serie Roja», núm. 28, Madrid, 1968.

LANZA DEL VASTO: *Peregrinación a las fuentes*, Ed. Sur, Buenos Aires, 1964.

G. WOODCOK: *Gandhi*, Grijalbo, Barcelona, 1983.

T. K. MAHADEVAN: *Gandhi, verdad y no violencia*, Sígueme, Salamanca, 1975.

B. BASSEGODA: *Gandhi*, Publicaciones españolas, Madrid, 1972.

CAPÍTULO I

LA INFANCIA DE MAHATMA GANDHI

Los Gandhi pertenecen a la casta de los Bania y, al parecer, los tres primeros fundadores de la familia fueron almaceneros. Pero en las tres últimas generaciones, a partir del abuelo de Mahatma Gandhi, llegaron a ser primeros ministros en varios estados Kathiawad.

Uttamchand Gandhi, llamado Otta, el abuelo mencionado, fue un personaje distinguido, pero las intrigas políticas le obligaron a irse de Porbandar, donde era diwan, y buscar refugio en Junagadh. Una vez allí, saludó al Nabab con la mano izquierda y cuando alguien lo advirtió, lo consideró un gesto descortés. Cuando le pidieron explicaciones, él respondió:

—La mano derecha ya está comprometida por Porbandar.

Otta Gandhi casó por segunda vez, tras haber fallecido su primera esposa. De sus primeras nupcias tuvo cuatro hijos y dos de las segundas. El quinto de dichos hermanos y hermanastros fue Karamchand Gandhi, por sobrenombre Kaba Gandhi, y el sexto, Tulsidas Gandhi. Los dos llegaron a ser primeros ministros en Porbandar, uno después del otro.

Kaba Gandhi fue el padre de Mahatma, y fue miembro de la Corte de Rajasthanik, organismo ya desaparecido desde bastante tiempo atrás, pero que en aquella época era una entidad muy influyente para resolver las diferencias entre los jefes y compañeros del clan. Kaba también fue algún tiempo primer ministro en Rajkot y luego en Vankaner. A su muerte fue pensionado del estado de Rajkot.

9

Nacimiento de Gandhi

Kaba Gandhi se casó cuatro veces, ya que sucesivamente fueron muriendo sus tres primeras esposas. Tuvo dos hijas de su primer y segundo matrimonio, y su cuarta y última mujer, Putlibai, le dio una hija y tres hijos, de los cuales Mahatma fue el menor.

Kaba Gandhi amaba a su familia. Era un hombre valiente y generoso, en tanto que su madre, según la retrató el propio Gandhi:

La impresión más notable que de mi madre quedó en mi memoria fue la de su santidad. Era una mujer profundamente religiosa. Jamás se le hubiera ocurrido empezar cualquiera de las diversas comidas cotidianas sin antes rezar sus plegarias.

Una de sus ocupaciones diarias era la visita a Haveli, el templo de Vaishnava. Por lo que alcanza a mi memoria, no recuerdo que ni una sola vez faltara al Chaturmas. Solía formular los votos más austeros y duros y mantenerlos sin que le flaquease el ánimo. Ni siquiera una enfermedad era suficiente motivo para dejar de cumplir sus promesas.

Recuerdo que una vez estaba cumpliendo el voto de la Chandrayana, cuando se puso enferma. Su dolencia no fue obstáculo para que se atuviera rigurosamente al ayuno.

Nosotros, que éramos niños, permanecíamos largo tiempo mirando al cielo, deseosos de que el Sol saliera para nuestra madre, ya que así terminaría su ayuno de la época de lluvias, que dura cuatro meses aproximadamente. Y recuerdo que, al cabo de unos días de cielo encapotado, aparecía el astro rey, corríamos a comunicárselo a nuestra madrecita. Ella salía

Mahatma Gandhi, «Alma Grande», apóstol de la no-violencia.

a comprobarlo por sí misma, pero frecuentemente el Sol volvía a esconderse por unos días, con lo que ella volvía a su ayuno.

Mi madre poseía un sólido sentido común y estaba bien informada de todos los asuntos de estado y las damas de la corte tenían en muy alta estima su inteligencia.

Gandhi retrató así a su padre en sus *Memorias de Juventud*:

Mi padre jamás tuvo la ambición de acumular riquezas y por eso nos dejó escasos bienes.

Carecía de toda educación, salvo la de la experiencia. A lo sumo podría decirse que sabía leer un poco de gujaratí. En historia y geografía su ignorancia era absoluta. Pero su rica experiencia en cuestiones prácticas le permitió solucionar asuntos muy intrincados y dirigir a centenares de personas. También era escasa su educación religiosa, pero poseía esa clase de cultura religiosa que adquieren muchos hindúes, gracias a sus frecuentes visitas a los templos y escuchando pláticas sobre temas religiosos.

En sus últimos años empezó a leer el Gita, *siguiendo el consejo de un brahmán muy culto, amigo de la familia, y cada día, durante los momentos de oración, solía recitar en voz alta algunos versículos.*

Estos fueron los padres de Gandhi, que nació en Porbandar, también llamado Sudamapuri, el 2 de octubre de 1869. Sus primeros años trancurrieron felizmente en aquella provincia. Allí fue a la escuela, donde, según él mismo confesó «pasó las tablas de multiplicar con ciertas dificultades».

Niñez de Gandhi

Cuando Gandhi contaba siete años de edad, sus padres se trasladaron de Porbandar a Rajkot, donde Kaba Gandhi debía ingresar como miembro de la corte rajasthanika. Allí, el pequeño Gandhi asistió a una escuela primaria, donde no fue otra cosa que un estudiante más bien mediocre. Luego, pasó a otro colegio suburbano, y a los doce años inició estudios superiores.

De aquella época, que solamente él conocía, como es natural, dijo esto en sus ya mencionadas *Memorias*:

> *Sé que durante toda aquella época jamás dije una sola mentira, ni a mis compañeros ni a mis profesores. Era yo un muchacho tímido que evitaba toda compañía. Incluso sentía el temor de que alguien se burlara de mí.*
>
> *Recuerdo un incidente ocurrido durante mis exámenes en el primer año de la escuela superior. Conviene recordar que con motivo de los exámenes había llegado un tal señor Gilles, inspector de Educación. Ese inspector nos ordenó escribir cinco palabras, a fin de ver cómo andábamos de ortografía inglesa, y una de dichas palabras era kettle, que significa olla o caldero, y yo la escribí mal. Mi profesor trató de espabilarme, haciéndome una indicación con la puntera de su bota, mas yo no le comprendí. Me resultaba imposible suponer que lo que mi profesor deseaba era que yo copiara el ejercicio del chico que tenía al lado, puesto que pensaba que el profesor estaba precisamente allí para vigilarnos y evitar que copiásemos. El resultado fue que todos escribieron correctamente las cinco palabras, menos*

13

yo. Lo cierto es que jamás he aprendido a copiar nada ni a nadie.

Fue en aquella época cuando Gandhi leyó un libro adquirido por su padre. Era una obra teatral, *Sharavana Pitribhakti Nataka,* acerca de la devoción de Sharavana hacia sus progenitores. Casualmente, poco más tarde llegaron a la localidad unos cómicos de los llamados en occidente «de la lengua», que representaron ese drama. En una de las escenas aparece Shavarana llevando, por medio de unas cuerdas suspendidas de sus hombros, a sus padres ciegos, en una peregrinación. El libro y dicha escena le causaron al joven Gandhi una profunda impresión. Gandhi habla también de otro incidente semejante en relación con el teatro.

Yo había conseguido autorización paterna para ver las representaciones ofrecidas por la compañía dramática. Y una obra, Harishchandra, *conquistó mi corazón. Jamás me hubiese cansado de verla. Sin embargo, no podía ir al teatro tanto como deseaba.*

La obra me obsesionó tanto que supongo que yo actuaba incesantemente como Harishchandra. Y día y noche me formulaba la misma pregunta: ¿Por qué no ha de ser todo verdadero como es Harishchandra? Seguir la verdad y pasar por todas las pruebas por las que pasaba el protagonista de la obra, éste fue el único ideal que inspiró en mí aquella obra. Y, al recordarla, me echaba a llorar a menudo.

CAPÍTULO II

UNA BODA INFANTIL

Gandhi se casó a los trece años, aunque tal como él dijo se trató de un casamiento y no de unos esponsales. Porque en Kathiawad había dos ritos distintos: los esponsales y el matrimonio. Desposarse consistía en dar una promesa preliminar por parte de los padres de los muchachos, a fin de que se uniesen en matrimonio más adelante. Se trataba, además, de una promesa violable, porque, por ejemplo, la muerte del muchacho no significa viudez para la chica.

Gandhi tenía otros dos hermanos, y el mayor ya estaba casado. Los padres decidieron entonces casar al segundo, a un primo y al joven Gandhi, sin tener para nada en cuenta, según era la costumbre, los sentimientos de los jóvenes.

El casamiento entre hindúes no era ciertamente un acto sencillo. Los padres de los novios llegaban a veces al borde de la ruina. Malgastaban en realidad el tiempo y el dinero. Los preparativos de las bodas consumían muchos meses para confeccionar las ropas y los adornos.

Los padres de Gandhi pensaron que podían economizar tiempo al menos, casando a los tres muchachos a la vez. Kaba Gandhi y su padre Otta ya eran muy mayores y los tres jóvenes eran los últimos a los que debían casar.

Los tres se enteraron de las intenciones paternas sólo al ver los afanosos preparativos.

15

No creo —dice Gandhi— que para mí significase todo ello otra cosa que la perspectiva de lucir unas ropas hermosas, procesiones de boda, redobles de tambores, ricos banquetes y una niña desconocida como compañera de juegos más o menos infantiles.

El deseo carnal vino más tarde.

Sigamos leyendo al propio Gandhi:

Me propongo correr un velo sobre mi vergüenza, salvo unos cuantos detalles dignos de mención.

Mi hermano y yo fuimos enviados desde Rajkot a Porbandar. Hay algunos detalles divertidos sobre los preliminares del drama final, como que untaran nuestros cuerpos con pasta de cúrcuma.

Mi padre era un diwan, pero de todas maneras no dejaba de ser un servidor, y más teniendo en cuenta que contaba con el favor de Sahib Thakore, quien sólo le permitió ir en el último momento. Pero cuando lo hizo, dispuso que a mi padre le preparasen coches especiales con postas, lo que redujo el viaje dos días.

Después, describiendo su boda, Gandhi añadía:

Me veo a mí mismo cuando tomamos asiento en las sillas elevadas bajo un dosel, cuando ejecutamos el saptapadi, o sea los siete pasos que dan juntos el novio y la novia, jurándose al mismo tiempo fidelidad mutua y devoción, tras lo cual el casamiento es ya irrevocable.

También recuerdo cómo pusimos el dulce kansar, que es un dulce a base de trigo, uno en la boca del otro, y también cómo empezamos a vivir juntos. ¡Y la primera noche...! Dos niños inocentes lanzados contra su voluntad al océano de la vida.

16

La esposa de mi hermano me había instruido minuciosamente sobre cómo debía conducirme en la primera noche. Ignoro quién instruyó a mi esposa. Jamás le he preguntado nada al respecto ni me siento tentado tampoco de preguntárselo ahora. ¿Cómo debía dirigirme a ella? ¿Qué debía decirle? Las instrucciones recibidas no llegaban hasta aquí. Bien, gradualmente nos fuimos conociendo y no tardé mucho en adoptar la autoridad del marido.

Gandhi, esposo

Cuando me casé vendían unos folletos —sigue explicando Gandhi— *por poco dinero en los que se analizaban el amor conyugal, la economía doméstica, los matrimonios infantiles y otros temas similares. Cuando caía en mis manos uno de tales folletos, lo devoraba ávidamente, pero sólo ponía en práctica lo que me gustaba y olvidaba lo que me desagradaba.*

La lección de la fidelidad me hizo pensar: si yo me comprometo a ser fiel a mi esposa, también ella está comprometida a serlo conmigo.

Y Gandhi se convirtió en un marido celoso. La esposa se llamaba Kasturbai, y era analfabeta, pero junto a Gandhi fue aprendiendo, no sólo las enseñanzas pedagógicas, sino también a amar a su marido, y a comprender todos sus ideales.

Gandhi, al fin, acabó por adorar a su mujer, lo mismo que ésta a él.

En realidad, durante aquella etapa matrimonial, según era costumbre hindú, Kasturbai pasaba mucho tiempo en la casa de sus padres, por lo que la convivencia con Gandhi no fue más que relativamente conyugal.

Después, a los dieciocho años, Gandhi se marchó a Inglaterra, lo que según él...

> ... *Significó una larga y saludable separación, por lo que a mi regreso del Reino Unido no pasábamos juntos más allá de seis meses, porque yo tenía que ir y venir frecuentemente de Rajkot a Bombay. Luego, llegó la llamada de Africa del Sur y nuevamente me vi libre del apetito carnal.*

Gandhi, amante de la carne

Los padres de Gandhi, como buenos vaishnavas, experimentaban un horror verdadero ante la carne como alimento, pero estando en la universidad, un amigo convenció a Gandhi que la carne imbuía en quien la comía un gran valor, que llegaba a hacer triunfar de todos los peligros.

Gandhi era miedoso, como confesó él mismo, y además, ansiaba ya libertar a su patria del yugo inglés. Y para infundirse valor, accedió a comer carne, cosa que efectuó varias veces, aunque siempre ocultándolo a sus padres y a su esposa. De esta manera «tomó parte en varias comidas carnívoras». Esto duró un año, hasta que convencido de que aquella amistad y aquella costumbre eran nefastas para su alma, abandonó dicho hábito y retornó al vegetarianismo.

CAPÍTULO III

LA DOBLE VERGÜENZA DE GANDHI

Cuando Gandhi tenía dieciocho años, su padre enfermó de una fístula (que debía ser un tumor maligno). Y su madre y Gandhi fueron quienes lo cuidaron amorosamente.

Por aquella época, Kasturbai esperaba ya un hijo, el primero, y esta doble circunstancia, según el propio Gandhi, constituyó para él una doble vergüenza, porque «por una parte, no me dominé como debiera haberlo hecho durante mi época de estudiante y, por otra, porque el deseo carnal absorbía lo mejor de mi ser, que hubiese podido entregar a los estudios y, además, no me permitió cumplir plenamente con otro deber mucho mayor: el de mi dedicación a mis padres, pues desde la niñez Shravan fue mi más alto ideal. Cada noche, mientras daba masaje a las piernas de mi padre, mi pensamiento se dirigía hacia el dormitorio de mi mujer, incluso en la época en que la religión, la ciencia médica y el sentido común prohíben todo contacto sexual (Gandhi se refiere a los períodos de la menstruación femenina). Y siempre que terminaba mis deberes filiales, después de inclinarme ante mi padre, iba al dormitorio de Kasturbai».

Fue en el año 1886 cuando falleció Karamchand Gandhi, en brazos de su hermano. El padre de Gandhi sintió la proximidad de la muerte, y mediante señas pidió recado de escribir, trazando estas palabras: *Prepara los ritos postreros.* Luego, se quitó el amuleto que le habían colocado en el brazo y el collar de oro, que arrojó a un lado y unos instantes más tarde dejó de existir.

Como durante esos momentos agónicos de su padre, Gandhi se hallaba entregado al placer carnal en brazos de su esposa, el dolor que le produjo esto fue una de las causas que le indujo a abandonar la lujuria como un lastre para la vida del espíritu.

Gandhi, en Inglaterra

Gandhi aprobó los exámenes de ingreso a la universidad en 1887, y el joven decidió ir a Bhavnagar para ingresar en el Colegio Samaldas, pero como no estaba preparado para la clase de enseñanzas que impartían en aquella universidad, al finalizar el primer curso, Gandhi volvió a casa.

Fue entonces cuando Mavji Dave, un brahmán muy culto, viejo amigo de la familia, les visitó durante las vacaciones de Gandhi y habló con su madre y su hermano mayor. Cuando se enteró de que Gandhi cursaba estudios en el Colegio Samaldas, les dijo:

Los tiempos han cambiado. Y ninguno de vosotros puede aspirar a seguir la carrera de vuestro padre sin poseer una educación adecuada. Como el muchacho prosigue sus estudios, todos debéis velar para que mantenga la tradición familiar. Tardaría cuatro o cinco años en conseguir un título de menor cuantía. O si, igual que mi hijo, sigue la carrera de derecho, le llevará más tiempo todavía. Y cuando se gradúe habrá una legión de abogados aspirando al puesto de Diwan. Yo, en vuestro lugar, lo enviaría a Inglaterra. Mi hijo Kevalram dice que allí es muy fácil hacerse abogado. En tres años estará de vuelta. Y los gastos no excederán de cuatro a cinco mil rupias. Fijaos en ese abogado que acaba de regresar de Inglaterra. ¡Qué fácilmente vive! Lo harían diwan en cuanto lo pidiese. Os recomiendo que enviéis a Mohandas (tal era el nombre verdadero de Gandhi, que sólo más adelante adoptó

*el Mahatma o «alma grande») a Inglaterra este mismo
año. Kevelran, que allí tiene muchos amigos, le dará
cartas de presentación y ya veréis cómo a Mohandas
le va muy bien.*

Después de vencer algunas dificultades respecto al dinero
necesario, y de jurarle Gandhi a su madre que en su estancia en
Inglaterra no tocaría mujer, carne ni vino, consiguió el permiso
materno. Y por primera vez, Gandhi marchó hacia Bombay.

Los rigores de la casta

Una vez en Bombay, como el mar se presentaba muy tem-
pestuoso, habiéndose incluso hundido un buque a causa de
una galerna, tuvo que retrasarse el viaje a Inglaterra. Su hermano, que le había acompañado a Bombay, regresó a Rajkot
para reanudar allí sus deberes, y Gandhi quedó en la gran ciudad aguardando el momento de la partida, lleno de ansiedad
y anhelos de verse cuanto antes en Inglaterra.

*Mientras tanto, la gente de mi casta —dice
Gandhi— se agitó mucho ante la nueva de mi marcha. Ningún modh bania había ido jamás a Inglaterra
y si yo me atrevía a tal cosa sería llamado al orden.
Se convocó una asamblea general de mi casta y me
convocaron para que compareciese. Y comparecí.*
*El sheth o jefe de la comunidad, pariente lejano
mío, que siempre estuvo en buenos términos con mi
padre, me manifestó:*
*—En opinión de la casta, tus propósitos de ir a
Inglaterra son inaceptables. Nuestra religión pro-
híbe los viajes al extranjero. También hemos oído
decir que allí no es posible vivir sin faltar a los preceptos de nuestra religión. ¡Porque uno se ve obligado a beber y comer al estilo europeo!*

21

—No creo —objeté—, que ir a Inglaterra vaya en contra de nuestra religión. Sólo voy allí para ampliar mis estudios. Y le prometí solemnemente a mi madre abstenerme de las tres cosas que teméis. Estoy seguro de que ese voto me mantendrá a salvo.

—Nosotros aseguramos que no es posible seguir allí nuestra religión —insistió el sheth—. Y deberías escuchar mis consejos.

Pero yo no podía alterar mi decisión de viajar a Inglaterra y así se lo comuniqué.

—¿Y desobedecerás las órdenes de tu casta?

—Realmente, nada puedo hacer. Pienso que la casta no tiene derecho a inmiscuirse en este asunto.

Entonces, el sheth se irguió cuan alto era y me apostrofó:

—A partir de hoy, este muchacho ha de ser considerado como un descastado. Y todo el que le ayude o vaya a despedirlo al muelle será castigado con la multa de una rupia a cuatro annas.

Me despedí del sheth afectuosamente y salí de allí, sin hacer el menor caso de su condena. Cuando mi hermano se enteró de lo ocurrido, me escribió concediéndome el permiso para embarcarme.

Finalmente, después de tener algunos apuros a causa del dinero, Gandhi salió al fin de Bombay con rumbo a Inglaterra el 4 de septiembre de 1888.

Las lecturas de Gandhi en Londres

Cuando Gandhi desembarcó en Southampton, telegrafió al doctor P. M. Mheta, para el cual llevaba una carta de presentación.

Karamchand Gandhi, por sobrenombre Kaba, padre de Mahatma, fue primer ministro del estudio de Rajkot.

23

Una vez en Londres, se hospedó en el hotel Victoria, y allí esperó la visita de Mheta, del cual recibió su primera lección:

> *Aquí no se deben hacer preguntas como en la India, a las personas que acabamos de conocer. No debe hablarse con voz demasiado alta. Y jamás hay que dirigirse a los caballeros llamándoles «Sir» cuando se está hablando con ellos, como hacemos en la India, ya que solamente los subordinados y criados utilizan este tratamiento.*

El doctor Mheta tomó al joven bajo su protección y se lo llevó a vivir consigo a su casa de Richmond.

Fue el doctor Mheta quien trató de convencer a Gandhi de la conveniencia de adoptar las costumbres occidentales respecto a tomar carne y vino, pero el joven se defendió, alegando el sagrado juramento hecho a su madre. Sin embargo, Mheta insistió y le entregó a Gandhi un libro, de Bentham titulado: *Teoría del utilitarismo.*

Como Gandhi no supo rechazar las teorías de dicho libro, observó:

> *Debe usted perdonarme, pero esas cosas abstractas se hallan por encima de mi entendimiento. Admito que sea necesario comer carne, pero no me es posible quebrantar mi promesa. Y no deseo discutir este asunto. Estoy seguro de que no puedo rebatir sus argumentos, mas, por favor, déjeme como a un obstinado o un necio. Aprecio realmente el cariño que me manifiesta y sé que sólo desea mi bienestar. También sé que insiste en este tema porque sufre por mí. Bien, nada puedo hacer. Una promesa es sagrada y no puede quebrantarse.*

Luego, como la casa del doctor Mheta quedaba lejos de Londres y los cursos universitarios iban ya a comenzar, Gandhi se mudó a West Kensington, en la vivienda de un matrimonio anglo-indio. Fue allí donde se acostumbró a leer los diarios londinenses, para ejercitarse en el inglés. El mismo Gandhi explicó:

> *Siempre hojeaba* The Daily News, The Daily Telegraph *y* The Pall Mall Gazzette. *Los leía en menos de una hora y después me iba a rondar por las calles.*

Fue en una de sus caminatas cuando descubrió un restaurante vegetariano en la Farington Street, y allí encontró un libro que para él fue una verdadera revelación, *La Apología del vegetarianismo,* de Salt. En sus *Memorias,* habla Gandhi de la impresión que le produjo su lectura:

> *Leí el libro de Salt de cabo a rabo. Me impresionó mucho. Desde ese momento me convertí al vegetarianismo por verdadera convicción y bendije el día en que hice solemne promesa frente a mi madre. Me había abstenido de comer carne, sólo al servicio de la verdad, y por respeto al voto formulado, pero deseando que cada hindú se convirtiese en carnívoro e incluso pensando que llegaría el instante en que yo podría serlo abiertamente. Fue entonces, con la lectura de ese libro, que hice la elección definitiva al vegetarianismo, cuya difusión pasó a ser desde ese instante mi cometido principal en la vida.*

El vegetarianismo sólo permite los alimentos procedentes del reino vegetal y suprime no sólo la carne, sino también todos los productos de origen animal (huevos, leche, mantequilla, queso, miel, etcétera). Este régimen provoca carencias graves en calcio, proteínas y vitaminas (en particular de la vitamina B_{12}).

El vegetarianismo menos estricto que autoriza los alimentos de origen animal, también tiene sus inconvenientes. En primer lugar, es preciso tener en cuenta que el hombre es un omnívoro, por su dentadura y por la longitud de su intestino; y que además, está acostumbrado a lo largo de generaciones a esta alimentación mixta.

Si bien los vegetales contienen azúcares, cuerpos grasos y proteínas, estas últimas están presentes en cantidades mínimas y son asimiladas con menos facilidad, lo que conduce a consumir cantidades considerables de alimentos. El régimen vegetariano deja además residuos celulósicos en proporciones exageradas. Finalmente, de este régimen se deriva una tendencia a la alcalosis (precipitados cristalinos, piedras) sobre todo entre las personas que tienen una reducida actividad muscular.

Actualmente los *hunzas* del noroeste de la India, pueblo también vigoroso, consumen carne una vez cada diez días; como los griegos y romanos de la antigüedad, su dieta se compone principalmente de frutas y verduras, cereales integrales y productos lácteos.

Los grandes sabios responsables de los antiguos Vedas hindúes se oponían al derramamiento de sangre, y Gautama (el Buda) se oponía a quitar ninguna forma de vida.

CAPÍTULO IV

LA TRANSFORMACIÓN DE GANDHI

Gandhi, una vez en Londres, se esforzó por asimilarse a los europeos, particularmente a los ingleses, a sus usos, sus costumbres y sus modas, y decidió convertirse en un verdadero *gentleman* inglés. Para ello adquirió trajes y se esforzó por cambiar sus modales, a pesar de que tales esfuerzos no siempre se vieron acompañados del éxito. También trató de aprender a bailar, si bien a pesar de llevar una vida bastante regalada nunca dejó de contabilizar hasta el último penique gastado.

Pensando después en asuntos más graves, empezó a estudiar francés y latín, además de química, ciencia que aprobó brillantemente. También realizó experimentos en dietética, relacionándose con numerosos amantes del vegetarianismo, y concurriendo a los restaurantes adecuados donde buscaba una alimentación racional. Se afilió a una sociedad vegetariana y allí dio comienzo a sus experimentos dietéticos, dejando de comer dulces y algunos condimentos. A este respecto, Gandhi escribió en sus *Memorias*:

> *Es curioso que en Londres me encontré con tres definiciones de la carne. Según la primera, carne significa solamente la de las bestias y las aves. Los vegetarianos que aceptan esta definición consumen huevos y pescados. Según la segunda definición, carne implica el cuerpo de todos los seres vivos del reino*

animal, por lo tanto, los peces quedan excluidos de
su alimentación.

> *La tercera definición, en cambio, abarca no sólo*
> *la carne de todos los seres vivos sino también todos*
> *sus productos. Esto incluye los huevos, la carne, la*
> *leche, la miel, etcétera.*

Gandhi se convenció de que la promesa hecha a su madre
se refería a la tercera definición, y con este convencimiento
adecuó sus comidas a un vegetarismo sumamente estricto,
que observó ya durante el resto de su vida.

La interpretación de las promesas

La verdadera prueba de fuego, no obstante, para Gandhi,
no fue la comida, sino la relacionada con su segunda promesa. Y a este respecto, Gandhi escribió:

> *No estarán fuera de lugar unas cuantas observa-*
> *ciones sobre la interpretación de las promesas.*
> *Esta interpretación ha sido una fecunda fuente de*
> *discusiones en todo el mundo. Por explícito que sea*
> *un voto, la gente lo retuerce y modifica a su sabor*
> *para adaptarlo a sus propios fines.*
> *Esto sucede en todas las capas de la sociedad,*
> *tanto entre los ricos como entre los pobres, desde el*
> *príncipe encumbrado al más humilde campesino. El*
> *egoísmo ciega a las personas que, mediante el empleo*
> *de argumentos sutiles, se engañan a sí mismas y tra-*
> *tan de engañar al mundo y a Dios.*
> *Por eso, la regla de oro es atenerse honestamente*
> *a la interpretación que en nuestro fuero íntimo acep-*
> *tamos en el momento de hacer la promesa. Otra es*
> *aceptar la interpretación de la parte más débil, siem-*

pre que haya dos opiniones contradictorias. *Cuando
no se adoptan uno de ambos caminos, se fomenta la
lucha y la iniquidad, que echan sus raíces en la men-
tira. Quienes buscan la verdad y nada más que la
verdad siguen con facilidad la regla de oro; no nece-
sitan el consejo de los sabios para interpretar con
justicia.*

*La interpretación de mi madre sobre la carne era,
de acuerdo con la regla de oro, la única verdadera
para mí, y no una de las que mi mayor experiencia
o el orgullo de mis mayores conocimientos hubieran
podido dictarme.*

Lleno del entusiasmo del neófito, Gandhi decidió crear un
club allí donde vivía, Bayswater. E invitó a sir Edwin Arnold,
que habitaba allí, para ocupar el cargo de vicepresidente,
siendo presidente el doctor Oldfield, que era director de *El
vegetariano*. Gandhi se nombró secretario del club.

Durante algún tiempo, el club marchó viento en popa, pero
transcurridos unos meses dejó de existir.

Sin embargo —dice Gandhi—, *esta breve y
modesta experiencia me proporcionó una cierta
enseñanza en la tarea de organizar y dirigir instituciones.*

Los contactos de Gandhi con la religión

Cuando Gandhi llevaba ya dos años en Inglaterra, conoció a dos teósofos, hermanos, los dos célibes, los cuales le
hablaron del *Gita*. Estaban leyendo la traducción efectuada
por sir Erwin Arnold, *La canción celestial*, y le pidieron que
les leyese el original.

Gandhi, que no había leído el que calificó de «divino poema», ni en sánscrito ni en gujaratí, se vio obligado a confesarles tan «vergonzosa» verdad, aunque añadió que se lo leería muy gustoso. Así, empezó a leer el *Gita,* y los versos del segundo capítulo le produjeron una honda impresión:

> *Cuando se analiza el objeto de los sentidos se advierte que de ellos brota la atracción, y que de la atracción nace el deseo, que a su vez, inflama la feroz pasión. La pasión alimenta los vicios, y entonces la memoria queda traicionada, deja que se ausenten los propósitos nobles y mina el espíritu, hasta que los buenos propósitos, el espíritu y el hombre, están definitivamente perdidos.*

Aquel libro le dejó muy impresionado, y poco después, a instancias de los dos hermanos, leyó la obra de madame Blavatsky, *Clave de la teosofía.*

Esa obra le estimuló en la lectura de otros textos sobre el hinduismo y le sacó del error en que se hallaba, influido por los misioneros, de que el hinduismo estaba lleno de supersticiones.

Por aquella época conoció a un cristiano en un restaurante vegetariano de Manchester. Dicho hombre le habló del cristianismo y la cristianidad, y a la memoria de Gandhi acudieron los recuerdos de Rajkot, sintiéndose dolido al oírlos.

—Yo soy vegetariano —le confió aquel individuo—. No bebo. Cierto es que muchos cristianos comen carne y beben, pero ni lo uno ni lo otro lo propician las Escrituras. Por favor, lea la Biblia.

Y Gandhi la leyó, aunque no fue capaz de soportar todo el Antiguo Testamento. Leyó, pues, el Génesis, pero invariablemente le entraba sueño con tal lectura. No le gustó el Libro de los Números. No obstante, el Nuevo Testamento sí le impresionó gratamente, sobre todo el Sermón de la Montaña, con las bienaventuranzas en él contenidas. Especialmente, por su semejanza con cierta parte del *Gita,* le agradó el siguiente pasaje:

> *Y yo os digo: no resistáis al mal; antes, a cualquiera que te hiriere en la mejilla diestra, vuélvele la otra; y al que quisiere ponerte pleito y tomarte tu ropa, dale también la capa.*

Esto le trajo a la memoria las palabras de Shamal Bhatt: «Por un cuenco de agua dad una rica comida; ante un saludo amable, inclinaos con fervor. Por un simple penique, pagad en oro vos. Si la vida te salvan, la tuya no rehúses. Observa así de los sabios sus palabras y acciones; cada pequeño servicio por diez te será recompensado. El verdaderamente noble sabe que todos los hombres son uno solo. Y devuelve con júbilo el bien por el mal que le hubieran hecho.»

Todas esas lecturas le animaron a estudiar otros grandes maestros religiosos. Un amigo le recomendó *Los héroes y el culto de los héroes,* de Carlyle.

Como era natural, Gandhi también se interesó por el ateísmo, puesto que todo hindú conoce bien el nombre de Brandlaugh, y tiene noticias de su sedicente ateísmo. Por lo tanto, leyó varias obras acerca del tema, pero no se dejó influir por ellas.

Más impresión le causó la obra de Annie Besant, Cómo me hice teósofa, que le inició más todavía en la teosofía. Fue en aquellos días cuando precisamente falleció Brandlaugh, y Gandhi, junto con casi todos los hindúes residentes en Londres, asistieron a los funerales, puesto que, pese al ateísmo del difunto, se le hicieron honras fúnebres.

Gandhi, de aquel día, relató una curiosa anécdota:

> *Un campeón del ateísmo, que estaba entre la multitud, empezó a molestar a uno de los clérigos que habían asistido al funeral.*
>
> *—Dígame, señor, ¿usted cree en la existencia de Dios?*
>
> *—Sí, creo —asintió el clérigo en voz baja.*
>
> *—Y estará de acuerdo en que la circunferencia de la Tierra mide veinticinco mil kilómetros ¿verdad?*
>
> *—En efecto.*
>
> *—Entonces, le suplico que me diga qué tamaño tiene su Dios y dónde se halla.*
>
> *—No dejamos de saberlo. Dios reside en el corazón de todos nosotros.*
>
> *—¡Vaya, vaya! No me confunda con un niño —replicó el campeón del ateísmo, con una mirada triunfal.*
>
> *El clérigo se hundió en un silencio lleno de humildad.*
>
> *Esta breve conversación aumentó mis prejuicios contra el ateísmo.*

Nirbala Ke Bala Rama

Estas palabras son un refrán del himno de Surdas: *Él es el amparo de los desamparados, la fuerza de los débiles.*

Fue en Inglaterra donde Gandhi descubrió la futilidad de los simples conocimientos religiosos. Durante el último año de su permanencia en Londres, o sea en 1890, se celebró una conferencia de vegetarianos en Portsmouth, a la que fueron invitados Gandhi y un amigo suyo.

Portsmouth es un puerto marítimo con una población marinera muy importante y, naturalmente, hay allí gran cantidad

A los siete años, cuando su familia se trasladó de Porbandar a Rajkot.

de burdeles y prostitutas, junto con otras casas que sin serlo no gozan de gran predicamento moral.

Gandhi y su amigo se alojaron en una de tales casas (se ignora el motivo, puesto que Gandhi no lo aclaró). Por otra parte, y ésta es una aclaración a medias, el comité organizador de la conferencia nada sabía sobre alojamientos, y en una ciudad como Portsmouth, nadie sabía cuál era un alojamiento bueno y cuál el malo para unos viajeros ocasionales como ellos dos.

Al atardecer volvieron de la conferencia y tras la cena se pusieron a jugar al bridge con el ama de la casa, costumbre que cultivan en Inglaterra, hasta en las casas más respetables.

Es natural que los jugadores se hagan bromas inocentes, pero aquella noche el amigo de Gandhi y el ama de la casa empezaron a gastar bromas más que indecentes. Y Gandhi, casi a pesar suyo, se sintió arrastrado a aquel juego y según él mismo, se excedió en ello. Pero en el preciso instante en que Gandhi iba a trasponer el límite del buen gusto, abandonando incluso el juego, Dios, por boca de su amigo, murmuró:

—¿Desde cuándo se aloja en ti el pecado, hijo mío? ¡Apártate inmediatamente!

Gandhi sintióse muy avergonzado, y le dio, íntimamente, las gracias a su amigo. Luego, acordándose de la promesa a su madre, según la cual se abstendría de todo trato carnal, huyó de allí presurosamente.

Llegué a mi cuarto tembloroso, agitado, latiéndome el corazón como una paloma que ha logrado escapar del halcón.

CAPÍTULO V

LA EXPOSICIÓN UNIVERSAL DE PARÍS

Fue en 1890 cuando se celebró la Gran Exposición Universal de París. Gandhi estaba enterado de los preparativos de la misma, y además ansiaba conocer la capital de Francia, a la sazón considerada casi como la capital del mundo entero, antes de que este cetro le fuese arrebatado por Nueva York.

Una de las principales atracciones de aquella Exposición era la Torre Eiffel, una construcción de acero de más de trescientos metros de altura. Y Gandhi se marchó a París. Estuvo siete días en la capital francesa y, siempre ahorrador, recorrió gran parte de la ciudad a pie, con ayuda de un plano.

No recuerdo nada de la Exposición —dijo más adelante—, *salvo su variedad y magnitud. Tengo un vivo recuerdo de la Torre Eiffel, ya que subí a la misma dos o tres veces. En la primera plataforma había un restaurante y sólo por la satisfacción de poder alardear de haber comido a gran altura, derroché siete chelines.*

Las viejas iglesias de París están presentes en mi recuerdo. Su grandeza y su paz son inolvidables, con sus magníficos interiores y sus hermosas esculturas, que nadie puede olvidar.

Se dio cuenta de que las personas que entraban en los templos y se hincaban de rodillas, no adoraban a simples estatuas sino que su adoración iba más allá, hacia el santo, la Virgen o el Señor a quien rezaban.

Se observa que la Torre Eiffel debió causarle un gran impacto, puesto que en sus *Memorias* se refirió a la misma con estas palabras:

> *Debo decir algo sobre la Torre Eiffel. Ignoro para qué sirve en la actualidad. Pero cuando se construyó, despertó elogios apasionados y agrupó, en su contra, a numerosos detractores, entre los cuales se contaba León Tolstoi, el cual afirmaba que la Torre Eiffel era un monumento a la estupidez del hombre. También aseguraba Tolstoi que el tabaco era el peor de los tóxicos, hasta el extremo de que un fumador se siente tentado a cometer crímenes que el borracho jamás se atreve a perpetrar; el licor enloquece al ser humano, pero el tabaco nubla su intelecto y le hace construir castillos en el aire. Para él, la Torre Eiffel era una de las creaciones del hombre bajo la influencia del tabaco. No había en ella arte alguno. De ningún modo podía decirse que la Torre Eiffel había contribuido a embellecer la exposición. Mientras somos niños nos sentimos atraídos por el juguete, y la Torre era una prueba de que todos somos unos niños atraídos por banalidades. Para eso solamente servía la Torre Eiffel.*

Lo cual no pasaba de ser una apreciación también muy banal, que afortunadamente ha durado mucho menos que la Torre Eiffel.

Gandhi, abogado

En aquella época, para conseguir el título de abogado en Inglaterra, según Gandhi, era preciso cumplir dos requisitos:

tomar parte en las reuniones, tal vez unas doce, equivalentes a tres cursos, y aprobar los exámenes.

En dichas reuniones se cenaba opíparamente, lo cual no le gustaba a Gandhi absolutamente, puesto que sólo podía comer en las mismas, a causa de su rechazo de la carne, «pan, repollo y patatas hervidas». Pero pasado algún tiempo, esos alimentos no disgustaron ya a su paladar.

Por otra parte, los exámenes en realidad carecían de valor. Las preguntas formuladas eran sencillas y los catedráticos muy bondadosos. Gandhi, a pesar de esto, estudió firmemente durante nueve meses para aprobar el derecho positivo de Inglaterra.

Al fin, aprobó y recibió el título de abogado el 10 de junio de 1891, inscribiéndose en el Colegio de Abogados al día siguiente. Y aquel mismo día 11 de junio, emprendía el viaje de vuelta a su hogar.

Pese a unos exámenes tan brillantes, Gandhi confesó que se sentía realmente capacitado para ejercer la práctica de la jurisprudencia.

Gandhi, en la India

El hermano mayor fue a recibir a Gandhi a Bombay, y como éste había sido recomendado por el doctor Mehta a sus familiares, los dos hermanos se dirigieron a la casa de tales personas, con las que trabaron una buena y perdurable amistad.

Gandhi ansiaba darle un abrazo a su madre, pues ignoraba que había fallecido mientras él se hallaba en Inglaterra. En realidad, le habían ocultado la infausta nueva en bien suyo y de sus estudios. Pero la noticia recibida en la India no por eso fue menos dolorosa, aunque la aceptó con el estoicismo de que siempre dio pruebas Gandhi.

El doctor Mehta, que a la sazón estaba en Bombay, le presentó a varios amigos, entre los cuales cabe destacar a su hermano Shri Revashankar Jagjivan, con quien a partir de entonces le unió una firme amistad.

Sin embargo, quien más le impresionó fue el poeta Rajchandra, yerno del hermano mayor del doctor Mehta y socio de una firma de joyeros, con el hermano del doctor. Apenas contaba el poeta veinticinco años, pero era ya un hombre provisto de una extensa cultura y gran don de gentes. Mehta le pidió a Gandhi que le pidiera a Rajchandra una prueba de su facilidad mnemotécnica, y así lo hizo Gandhi, pronunciando todo un vocabulario de palabras de lenguas europeas que él había aprendido estando en Inglaterra. Luego, el poeta repitió palabra por palabra cuantas él había dicho, con gran exactitud.

En realidad, aunque este alarde de memoria no le entusiasmó demasiado a Gandhi, aun reconociendo su mérito, más adelante citó los nombres de las tres personas que más hondo efecto habían causado en su espíritu. Esas tres personas eran: Raychandbhai, «cuya presencia viviente me fascinaba»; León Tolstoi, por su obra *El reino de Dios está dentro de ti*, y Ruskin con el libro *Hasta esto último*.

Pese a lo cual siempre advirtió que no le había sido posible entronizar al primero como su verdadero gurú en su corazón.

El término *guru* o *gurú* es una voz sánscrita (lenguaje sagrado primitivo de la India) que significa maestro espiritual en torno al cual se agrupan sus discípulos. Todos ellos viven a veces como en una comunidad religiosa *(asram)* o bien se reúnen periódicamente con él para recibir su enseñanza y sus consejos: la educación brahmánica *(Brahmanismo,* religión hinduista), para la formación de los jóvenes y estudiantes pertenecientes a castas elevadas: *brahmanes* o sacerdotes y *rajanas* o guerreros, algunos de los cuales podían pertenecer al linaje de los *kshatrias,* reyes o príncipes.

Por debajo de éstos se hallan los *mercaderes,* casta intermedia que puede enriquecerse, y los artesanos o *vaysas.* En posición humildísima los *sudras,* descendientes sin duda de los pueblos drávidas primitivos, sometidos a la llegada de los *indos* a la gran península hacia el segundo millenio a. C. Por último se hallan los *parias* que sólo con su presencia «su aliento contamina el ambiente», y son tratados peor que los más miserables esclavos.

Tales son las famosas *castas* de la India, círculos familiares herméticos sancionados por la religión, hasta tal punto que se considera que las dos primeras castas, *brahmanes* y *kshatrias* proceden de la cabeza de su dios principal Brahma; de sus brazos desciende la casta de los guerreros, del vientre la de los mercaderes, de las rodillas y las piernas, la de los artesanos, y por último, de los pies proceden los *sudras* y los *parias.* Castas que naturalmente los grandes pensadores hindúes, desde Buda-Gautama hasta Gandhi, intentaron superar o prescindir por la falta de libertad y la deshumanización que ellas comportaban.

CAPÍTULO VI

EL FRACASO DE UN ABOGADO

Junto con su hermano, Gandhi marchó a Rajkot, para estar al lado de su esposa, su hijo Harilal y demás familia, pero una vez allí todo lo encontró triste, sucio, en contraste con Londres.

Tampoco sus relaciones con Kasturbai fueron demasiado buenas, puesto que, como ya se dijo, Gandhi era muy celoso y esto les procuró a los dos una serie de escenas desagradables, hasta el punto de que Gandhi envió a su esposa a casa de sus padres, con la intención de repudiarla.

Los familiares de ambas partes lograron que Gandhi renunciase a tal propósito, y finalmente las aguas conyugales volvieron a su cauce.

Otro motivo de disgusto, esta vez de todos sus parientes, fue la introducción por parte de Gandhi de las costumbres occidentales, como la prohibición del sari femenino, y cambiar la costumbre de comer con las manos por los tenedores y cuchillos. Asimismo, incorporó a la vida familiar zapatos y botas, junto con otras novedades, lo que contribuyó a aumentar los gastos.

Por su parte, Gandhi no se sentía demasiado seguro como abogado, puesto que creía, y con razón, no estar preparado para ello, toda vez que desconocía en realidad el Derecho Indio.

Debido a este estado de cosas, pensó que tal vez se abriría más camino en Bombay, y trasladándose a esta ciudad, allí se inscribió como abogado.

El primer caso de Gandhi

Gandhi, pues, se instaló en Bombay y contrató los servicios de un cocinero, un tal Ravishankar, hombre sucio y analfabeto, que entendía tanto de cocina como de rezar, pues alegaba que toda su vida la había pasado con el arado en las manos, y en tal circunstancia no hay tiempo para aprender rezos ni recetas de cocina.

Gandhi, mientras tanto, se dedicó al estudio asiduo de las leyes indias, y experimentó en dietética, aplicando a las comidas vegetarianas algunos de los conocimientos adquiridos en Inglaterra.

Su hermano, por su lado, hacía cuanto podía para procurarle clientes, y al final consiguió el caso de un Mamibai.

El propio Gandhi explicó su actuación en dicho caso:

> Era un pleito sin importancia pero debería darle, según me dijeron, algún dinero al comisionista que me proporcionó el asunto. Yo me negué en redondo.
>
> —¡Pero si incluso un gran abogado criminalista, que gana de tres a cuatro mil rupias mensuales, da comisión!
>
> —No necesito emularle —repliqué—. Me contentaré con ganar trescientas rupias al mes. Mi padre no ganaba más.
>
> —Pero esos tiempos ya pasaron. Los gastos en Bombay son aterradores. Usted debe proceder como un hombre de negocios.
>
> Me mantuve inflexible y no le di la comisión, a pesar de lo cual me entregaron el caso de Mamibai. Un pleito realmente fácil.
>
> Pedí treinta rupias por mis honorarios. El asunto no iba a durar más de un día.

Y este fue mi debut en los Tribunales de Primera Instancia. Me presenté en nombre de mi defendido y tenía que interrogar a los testigos de la parte contraria. Me puse de pie y al momento sentí que se me caía el alma a los pies. Mi cabeza me daba vueltas y más vueltas y tuve la impresión de que todo el tribunal giraba del mismo modo.

El juez debió reír de buena gana y no cabe duda de que los vakiles disfrutaron ampliamente con aquel espectáculo.

Yo era incapaz de ver nada. Me senté y le dije al agente que no podía llevar adelante el caso y que lo mejor era que se encargase del mismo el señor Patel. Yo le devolvería en el acto mis honorarios. Patel aceptó por cincuenta y una rupias y, por supuesto, para él fue un juego de niños ganar el pleito.

Salí del tribunal corrido de vergüenza, sin averiguar si mi cliente ganaba o perdía el caso. Pero adopté la firme resolución de no aceptar ningún pleito hasta que no tuviese el coraje de llevarlo adelante. Y la verdad es que no volví a actuar hasta llegar a Sudáfrica.

Gandhi, rechazado como profesor

Falto de recursos, con lo cara que estaba la vida en Bombay, y decidido a no volver con los suyos habiendo fracasado, cierto día vio un anuncio por el que se solicitaba un profesor en un colegio, por cuyo puesto ofrecían setenta y cinco rupias de sueldo. El anuncio pedía un profesor de inglés. Naturalmente, Gandhi solicitó el puesto y tuvo que presentarse a hablar con el director del colegio, pero cuando éste se enteró de que el solicitante no poseía el título de profesor de idiomas, alegó lamentarlo mucho, pero no pudo aceptar a Gandhi.

Éste arguyó que había aprobado en la universidad de Londres... incluso el latín, a lo que el director replicó que necesitaban un graduado.

Al fin, junto con su hermano, decidió que no podía seguir en Bombay y regresó a Rajkot. Sin embargo, mientras estuvo en Bombay acudió casi todos los días al Palacio de Justicia para seguir los casos que allí se ventilaban, pero muchas eran las veces que llegaba a dormirse, debido al tedio que los asuntos que la jurisprudencia le producían.

Gandhi, en Rajkot

Una vez en Rajkot, Gandhi inauguró su oficina, donde redactando memoriales, solicitudes y demandas, empezó a ganar las trescientas rupias mensuales, que eran su objetivo. Esos trabajos los debía a la solicitud de su hermano y no a su propia capacidad. Y aun con eso, se vio obligado a conceder comisiones en muchas ocasiones. Y de esta manera, cuando iba adquiriendo práctica y experiencia, Gandhi recibió la primera gran lección y el primer gran disgusto de su vida. Gandhi, en efecto, sabía lo que era un funcionario inglés, pero hasta entonces no había tratado a ninguno.

Su hermano había sido secretario y consejero de Ranasaheb de Porbandar, ya fallecido, antes de ser instalado en su *gadi*. Desde entonces, quedaba pendiente la acusación contra el hermano de Gandhi de haber aconsejado mal al príncipe, en tanto ocupó el mencionado cargo.

El asunto fue a manos del Agente británico, el cual tenía ojeriza al hermano de Gandhi. Este, durante su estancia en Inglaterra, había conocido a dicho agente político, habiéndose portado con Gandhi con cierta cordialidad. El hermano de Gandhi, Laxmidas, creyó que había que aprovechar esa

El brahmán Mavji Dave recomendó a su madre que enviaran al joven Gandhi a Inglaterra a estudiar.

amistad, y conseguir que el Agente Político no estuviese injustamente prevenido contra aquél.

De manera que, como Gandhi le debía muchos favores a su hermano, fue a visitar al Agente.

Le recordó la amistad, pero no tardó mucho en comprender que el Agente, Charles Ollivant, en Rajkot era muy distinto de como era en Londres.

Tras escuchar el ruego de Gandhi, lo arrojó prácticamente de su despacho.

Gandhi salió a la calle, empujado violentamente por el asistente del Agente, lleno de cólera, y en el acto escribió una nota a Ollivant, en la que expresaba:

> *Usted me ha insultado. Usted me ha agredido por intermedio de su asistente. Si no me presenta sus excusas, tendré que proceder contra usted.*

Gandhi no tardó en recibir la respuesta:

> *Usted se comportó conmigo rudamente. Le pedí que se marchara y no me hizo caso. No tenía otro camino sino ordenar a mi asistente que le mostrara la puerta. Incluso cuando él le pidió que saliera, usted no hizo caso. El, por consiguiente, tuvo que hacer la fuerza necesaria para obligarle a salir. Está usted en libertad de obrar como guste.*

Cuando Gandhi llegó a su casa le contó a Laximidas lo sucedido y el hermano mostróse sumamente apenado. Gandhi, por su parte, estaba encolerizado, pero como aquellos días resultó que estaba en Rajkot sir Pherozeshah Mehta, cuando Gandhi acudió a él en busca de consejo el doctor le dijo que asuntos como aquél servían sólo para dar más experiencia a las personas.

Y comprendiéndolo así, Gandhi tuvo que tragarse su enojo, y pensó que jamás volvería a colocarse en una situación falsa como aquélla.

En realidad, fue este disgusto el que cambió todo el curso de la vida de Mahatma Gandhi.

Pensando en Sudáfrica

A partir de ese suceso, Gandhi empezó a estar muy deprimido, cosa que también advirtió su hermano. Pero el destino pareció, de improviso, sonreírle a Gandhi.

En efecto, una empresa de Porbandar le escribió a Laxmidas con la siguiente oferta:

> *Tenemos negocios en Sudáfrica. La nuestra es una gran empresa y hemos llevado un caso importante ante los tribunales sudafricanos, donde tenemos cuarenta mil libras en litigio. El caso se prolonga desde hace algún tiempo. Hemos contratado los servicios de los mejores abogados y vakiles. Si usted decide enviar allí a su hermano, a nosotros nos resultará beneficioso y a él también. El podrá instruir a nuestros abogados y a nosotros. Y por su parte, tendrá la ventaja de ver un nuevo lugar del mundo y adquirir nuevas relaciones.*

Gandhi estudió la oferta junto con su hermano, pero la misma era muy tentadora. Poco después, Laxmidas le presentó a Gandhi al sheth Abdul Karim Jhaveri, socio de la firma en cuestión, cuyo nombre era Dada Abdulla y Compañía.

Gandhi quiso informarse de cuándo serían necesarios sus servicios y cuánto cobraría por los mismos.

—No más de un año —fue la respuesta—. *Le pagaremos el viaje de vuelta en primera clase y le entregaremos ciento cinco libras esterlinas.*

Aunque en realidad, más que como abogado, se trataba de servir de criado a la firma según Gandhi, éste aceptó, ya que su deseo era salir de la India.

Tenía, además, la oportunidad de conocer un nuevo país y de adquirir más experiencia, tanto en el aspecto legal como simplemente en el existencial.

Además, podría enviarle a su hermano las ciento cinco libras prometidas, y esto aliviaría en los gastos del hogar.

Sin reflexionarlo más tiempo, Gandhi aceptó el ofrecimiento, y a continuación se dispuso a partir rumbo a Africa del Sur.

En realidad, fue a partir de aquella decisión cuando nació Mahatma Gandhi, el defensor de los hindúes oprimidos, el verdadero salvador de la India, el que logró la independencia de su país por la vía de la no violencia.

CAPÍTULO VII

GANDHI, EN SUDÁFRICA

Cuando Gandhi llegó a Durban, que es el puerto de Natal, el *sheth* Abdulla estaba allí para recibirle. Mientras el buque atracaba en el puerto, Gandhi ya observó que los hindúes no eran tratados con demasiado respeto. Incluso muchos parecían despreciar a Abdulla, y lo más sorprendente para Gandhi fue que Abdulla ya estaba acostumbrado a tal desprecio.

Luego, Abdulla lo condujo a la sede de la empresa y le dieron una habitación privada, contigua a la de Abdulla. Los dos hombres, al principio, no se entendieron. Después de leer los papeles que le enviaba su hermano por intermedio de Gandhi, pensó que éste era un «elefante blanco».

Tampoco le gustaba a Abdulla la manera cómo vestía el joven abogado, tan al estilo inglés. Y entonces le dijo que no podía confiarle ninguna tarea. El pleito en cuestión se estaba ventilando en el Transwaal, y carecía de sentido enviarle allí enseguida. Además ¿hasta dónde podía él confiar en la capacidad y la honradez de Gandhi? Y por otra parte, si no le encargaba ningún trabajo relacionado con el caso ¿qué otra cosa podía encargarle?

El asunto del turbante

Abdulla era un analfabeto, pero poseía una rica experiencia, con una inteligencia muy aguda, de la que solía hacer gala. Estaba orgulloso del islamismo y le gustaba discutir sobre temas religiosos. Y en esto tuvo suerte, porque resultó que Gandhi, muy versado en distintas religiones, era un interlocutor estupendo, de manera que la relación entre ambos hombres mejoró mucho en poco tiempo. Asimismo, Gandhi, gracias a Abdulla, se enteró bastante sobre el mundo musulmán, sobre todo en sus aspectos prácticos.

Cuando llevaba Gandhi dos o tres días en Durban, Abdulla le acompañó a visitar el Palacio de Justicia, presentándole a mucha gente y haciendo que tomara asiento al lado de su abogado.

Fue entonces cuando el magistrado que presidía el tribunal empezó a mirar a Gandhi, hasta que al fin le pidió que se quitase el turbante que éste llevaba. Gandhi, muy ofendido, se negó a ello y abandonó la sala.

Luego, Abdulla, tratando de calmarle, le explicó por qué a algunos hindúes se les pedía que se quitaran el turbante. En cambio, los que lo lucían al estilo musulmán sí podían llevarlo, mientras que los hindúes debían quitárselo al entrar en un tribunal.

Gandhi explicó así el caso en sus Memorias:

> A los dos o tres días de llegar a Durban (provincia de Natal), vi que los hindúes estaban divididos en varios grupos diferentes. Uno de ellos formado por los comerciantes musulmanes, que a sí mismos se llamaban «árabes». Otro era el de los hindúes, y el tercero el de los parsis, que se denominaban persas a sí mismos.
>
> Estas tres clases mantenían entre sí cierta relación social. Pero quedaba otra clase mucho más amplia y más humilde, integrada por los tamil, los telegu y los trabajadores contratados y liberados del Norte de la India.

Los trabajadores contratados eran los que llegaban a Natal con un contrato por cinco años, recibiendo el nombre de girmitiyas o girmit, que era la forma corrompida del término inglés agreement, que significa contrato, convenio o concierto entre caballeros.

Las otras tres clases no tenían ningún trato social con los tamil, a los que los ingleses llamaban coolies, término que hacían extensivo a las otras clases, pero como la mayoría de los hindúes pertenecían a la clase trabajadora, todos y sin excepción eran llamados coolies o samis. Sami es un sufijo Tamil, que complementa muchos nombres propios de la región, sólo porque en sánscrito Swami significa amo.

Por tanto, yo pasé a ser un «abogado coolie», igual que los comerciantes hindúes eran conocidos como «comerciantes coolies». De este modo, el significado original de coolie se había perdido, convirtiéndose en un apelativo común a todos los hindúes.

Por consiguiente, el caso del turbante adquirió gran resonancia en Natal, y Gandhi escribió a la Prensa defendiendo su derecho a llevar el turbante en los tribunales. Esto suscitó numerosos comentarios en los periódicos, algunos apoyando a Gandhi, y otros censurando su postura. Pero lo cierto es que el escándalo promovido por él sirvió para darle una inesperada publicidad. Y Gandhi no se quitó el turbante hasta poco antes de abandonar Sudáfrica.

A Pretoria

Mientras Gandhi iba haciendo amistades en Natal, especialmente entre la gente de los tribunales, llegó una carta del abogado de la firma de Pretoria, anunciando que el juicio estaba en vísperas de celebrarse, por lo que Abdulla debía ir o enviar a un representante.

Abdulla le preguntó a Gandhi si deseaba trasladarse a Pretoria, y cuando Gandhi accedió, el otro le puso en contacto con sus empleados para que le informaran detalladamente del caso en cuestión.

Al fin, ya impuesto del asunto, Gandhi dijo que estaba dispuesto a marchar a Pretoria.

Abdulla escribió a su abogado en aquella ciudad. Fue entonces cuando Gandhi sorprendió a Abdulla, hablándole de la conveniencia de llegar a un arreglo con la parte contraria. Dicha parte contraria estaba formada por unos parientes de Abdulla, precisamente.

—Comprendo —respondió Abdulla, pensativamente—. Lo mejor sería un arreglo directo, sin ir a pleito. Pero precisamente porque somos parientes nos conocemos bien. El sheth Tyeb Haji Khan Muhammad no es hombre que consienta fácilmente a una avenencia. Apenas advierta la menor debilidad por nuestra parte, nos sacará toda clase de ventajas y secretos, con lo cual podría hundirnos. Por eso, le ruego que lo medite dos veces antes de hacer nada.

Tales fueron las prudentes palabras de Abdulla antes de que Gandhi partiera hacia Pretoria. Cuando marchó hacia allí, Gandhi llevaba en Durban siete u ocho días.

Para el viaje reservó un asiento de primera clase. Era necesario pagar cinco chelines más para obtener un camarote, y Abdulla insistió en que tomase una litera, pero Gandhi se mostró orgulloso y obstinado, deseoso de ahorrarse los cinco chelines.

—Tenga presente —le advirtió Abdulla—, que esto no es la India.

El tren llegó a Maritzburgo, capital de la provincia de Natal, a las nueve de la noche. Era allí donde solían tomarse los camarotes o cabinas. Un empleado se le acercó a Gandhi y le preguntó si deseaba una litera. Gandhi respondió que no. El empleado se marchó, pero no tardó en llegar un pasajero que examinó a Gandhi de pies a cabeza y al ver que era un «hombre de color» sintióse molesto. Salió y no tardó en regresar con dos empleados.

Uno de ellos le indicó a Gandhi que tenía que viajar en tercera clase, a pesar de haber pagado un billete de primera.

Gandhi se negó rotundamente, desafiando a los empleados a que llamaran a la policía. Y efectivamente, apareció un policía, quien asiéndole de las muñecas, lo arrojó del compartimiento. Lo sacaron al andén junto con su equipaje, el tren partió, y él se quedó allí. Luego, se dirigió a la sala de espera, dejando el equipaje donde lo habían arrojado.

Mientras estaba temblando de frío en aquella tétrica sala de espera, debatiendo consigo mismo si debía seguir adelante o regresar a la India, adoptó una decisión: preocuparse ante todo, no de él, sino de buscar los medios de cooperar a la desaparición de los prejuicicos contra la gente de color.

Y determinó tomar el siguiente tren hacia Pretoria.

En sus *Memorias*, Gandhi relata lo que hizo al día siguiente:

> *A la mañana siguiente, envié un largo telegrama al Director General de Ferrocarriles e informé al sheth Abdulla, el cual inmediatamente se entrevistó con el Director General. Este justificó la conducta de las autoridades ferroviarias, pero añadió que ya había ordenado al jefe de estación para que adoptase las medidas oportunas a fin de que yo pudiese llegar a mi destino sin más inconvenientes.*
>
> *Abdulla cablegrafió a los comerciantes indios en Maritzburgo para que me ayudasen en lo posible. Los comerciantes vinieron a la estación y trataron de consolarme narrándome sus propias dificultades*

*y explicándome que lo que me había ocurrido era
muy frecuente.*

Por fin, llegó el tren al anochecer, con una cabina reser-
vada a su nombre. Y aquel tren le condujo a Charlestown.
Pero antes de llegar a Pretoria, Gandhi todavía tendría que
soportar más insultos y mayores dificultades. Finalmente, el
tren llegó a Pretoria al día siguiente, a las ocho de la noche.

Gandhi terminó por adorar a su esposa Kasturbai, con quien le casaron cuando sólo tenía trece años.

CAPÍTULO VIII

CONTACTOS DIVERSOS

Cuando llegó a Pretoria, Gandhi aún tuvo que sufrir la humillación de no poder cenar en el comedor del hotel «Johnston Family» donde se hospedó gracias a los buenos servicios de un negro norteamericano, que le sirvió de guía. Tuvo que cenar, pues, en la habitación que allí había alquilado.

A la mañana siguiente llamó al abogado A. W. Baker. Éste le recibió muy amablemente y luego le manifestó que para aquel pleito, Gandhi no podía prestar la menor ayuda, pero que como el asunto era prolijo y complicado, seguramente surgirían algunas dificultades en las que Gandhi sí podría ayudar.

Después, le buscó alojamiento en casa de la viuda de un panadero, la cual le admitió por treinta y cinco chelines semanales.

Un predicador laico

Baker no solamente era un buen abogado sino un eminente predicador laico. Poseía una posición económica desahogada y sostenía la superioridad del cristianismo sobre todas las demás religiones, afirmando que era imposible hallar la paz eterna si no se aceptaba a Jesús como el único Hijo de Dios y Salvador de la Humanidad.

Yo soy hindú por nacimiento y no obstante no sé mucho sobre el hinduismo, y menos todavía acerca de otras religiones. En realidad, ignoro dónde estoy ni cuáles son o deberían ser mis creencias. Me propongo llevar a cabo un minucioso estudio de mi religión y, en la medida que ello sea posible, también de las demás religiones.

Baker le contestó que él era uno de los directores de la Misión General de Sudáfrica, habiendo construido una iglesia a costa suya, y añadió que estaba libre de todo prejuicio racial. Luego, se ofreció a prestarle algunos libros sobre religión, de manera especial la Biblia, cosa que Gandhi le agradeció cordialmente, prometiendo asistir a la iglesia, a las plegarias de la una, con toda regularidad.

Sin embargo, a pesar de sus palabras, Gandhi no estaba dispuesto a abrazar ninguna religión.

Contactos cristianos

Al día siguiente, fiel a su palabra, Gandhi se personó a la una como le había prometido a Baker, en su iglesia, y el abogado le presentó a diversas personas. Todos se arrodillaron para rezar, y Gandhi les imitó. Allí no entonaban himnos ni sonaba ninguna clase de música. La oración, además, apenas duraba cinco minutos.

En días sucesivos, Gandhi mantuvo diversas conversaciones con los asistentes a aquellos rezos, y pudo leer varios libros que versaban sobre el cristianismo.

Un día, un hermano de Plymouth le manifestó a Gandhi:

—Usted no comprende la belleza de nuestra religión. Por sus palabras entiendo que se pasa la vida meditando sobre los pecados y faltas cometidos, enmendándolos siempre y procurando expiarlos. ¿Cómo ese ciclo incesante puede aportarle la redención? Jamás alcanzará la paz. Usted admite que todos somos pecadores. Bien, observe, pues, la perfección de nuestras creencias. Nuestros intentos de mejoramiento y expiación son fútiles. Y, no obstante, podemos alcanzar la redención. ¿Cómo podemos soportar la carga de nuestros pecados? Sólo de una manera: descargándola sobre Jesús, Nuestro Señor. El es el único Hijo de Dios, limpio de todo pecado. El dijo que los que creyesen en él gozarían de una vida eterna. Por lo tanto, ahí está la infinita misericordia de Dios. Y como nosotros creemos en la expiación de Jesús, nuestros propios pecados no nos atan definitivamente. Hemos de pecar, ya que es imposible vivir en este mundo sin pecado. Y por consiguiente, Jesús sufrió y expió los pecados por toda la humanidad. Sólo el que acepte su gran redención gozará de la paz eterna. Piense qué vida de angustia es la de ustedes y en la promesa de paz que disfrutamos nosotros.

Pero Gandhi no se dejó convencer con tales argumentos, y replicó:

—Si ése es el cristianismo admitido por todos los cristianos, yo no puedo aceptarlo. Yo no busco la redención de las consecuencias de mi pecado. Yo quiero ser redimido del pecado en sí o, mejor dicho, incluso del pensamiento mismo del pecado. Y hasta que logre este fin, me sentiré satisfecho de estar angustiado.

Gandhi, además, tenía otros motivos de preocupación, y éstos eran la Biblia y su interpretación aceptada por los cristianos.

Gandhi es un hindú medularmente empapado del sentido del absoluto. Esa es la raíz íntima de su persona y de su personalidad. Es la clave de su acción, de una manera de configurarla. Si Gandhi no fuera un hombre tendido hacia el absoluto de la justicia y la verdad con todas sus fuerzas, no hubiera movido un dedo en política. Su vocación política es extraordinaria, prueba de ello es el hecho de haberse lanzado a ella desde muy temprano y sin dudas de ningún género. Sin embargo, siempre le impulsa una realidad concreta. El gran pensador del pacifismo y discípulo de Gandhi, Lanza del Vasto, afirmará: «Nadie es menos doctrinario que este gran maestro de una gran doctrina; nadie más desconfiado de las proposiciones abstractas y de las afirmaciones inverificables. Nadie más exento de toda terquedad dogmática, de toda ceguera fanática que este gran jefe religioso.» No prefabrica la verdad. La busca como un absoluto, como algo que no depende de nosotros ni de los acontecimientos. Pero que a su luz todo acontecimiento debe ser ordenado.

Al respecto manifestará el propio Gandhi:

> La verdad es un absoluto. La verdad es Dios. Antes decía yo: Dios es la Verdad. Pero ocurre que hay hombres que niegan a Dios. Ocurre que su pasión misma por la verdad los lleva a negar a Dios y, a su modo, tienen razón...
>
> ... Por eso digo ahora: la verdad es Dios. Nadie, en efecto, puede decir «la verdad no existe» sin quitar a su decir toda la verdad. Por eso prefiero decir: la verdad es Dios.

Así, pues, para Gandhi la verdad es la vida. El Absoluto es la vida. Dios presente en todas las cosas. Una vida que nos sobrepasa y nos envuelve. Una vida que no comprendemos y no es nuestra. Pero que es también nuestra propia vida y la vida de todos los seres que bullen a nuestro alrededor, el elefante y la hormiga, la serpiente y el hombre. el otro hombre.

El hombre como manifestación suprema de la vida. Y también su responsabilidad. El hombre se debe al Absoluto, que le mantiene y mantiene a todos los seres inferiores. La vida es manifestación de Dios. El hombre es el centro del mundo, el guardián de la vida que fluye y toma mil formas.

Gandhi supo sabiamente combinar en su doctrina elementos religiosos sacados de los antiguos libros hindúes, purificando sus propias tradiciones, y sustrayéndolos de su tradicional pasividad lanzarlos a la acción pacífica. Bebió también en el Antiguo y Nuevo Testamento en Tolstoi, Thoreau, Benjamín Tucker, Ruskin... Así escribirá:

> *Tanto si te sientes cansado como si no, hombre, no reposes, no detengas la lucha que llevas solo, sigue adelante y no busques el descanso.*
>
> *... Caminarás por veredas borradas y que no parece que lleven a alguna parte, sólo salvarás a unas cuantas vidas tristes. Hombre, no te desanimes, no descanses. Tu misma vida se vaciará y parecerá inútil, bordearás el peligro a cada momento...*
>
> *... Hombre, no reposes hasta llegar a estos campos. El mundo se oscurecerá y tú serás para él y acabarás con la tiniebla. Hombre, aunque la vida la pierdas, no descanses.*
>
> *... Hombre, no descanses tú; haz que los otros puedan descansar.*

CAPÍTULO IX

RESOLUCIÓN DEL PLEITO

Cuando se iba acercando la época en que debía verse la causa del pleito entre Abdulla y su pariente Tyeb, Gandhi se creyó en el deber de actuar. Los motivos los expuso él mismo en sus *Memorias*:

> *Cuando estaba preparando el litigio de Abdulla, yo no me daba cuenta cabal de la importancia de los hechos. Porque los hechos significan la verdad, y cuando hallamos la verdad, la ley viene en nuestra ayuda por sus cauces naturales.*
>
> *Yo vi que los hechos estaban en favor de Dada Abdulla y que la ley lo respaldaba con fuerza. Pero también advertí que el litigio, si ambas partes insistían en él, arruinaría al demandante y al demandado quienes, al final, eran parientes y ambos nacidos incluso en la misma ciudad.*
>
> *Por otra parte, nadie sabía el tiempo que podía durar el caso. Y de continuar, era evidente que podía prolongarse indefinidamente, sin beneficio para nadie. Por eso, los dos deseaban ponerle fin cuanto antes.*
>
> *Me entrevisté con el sheth Tyeb, aconsejándole que se aviniese a un arbitraje. La verdad era que estaba asqueado de mi profesión. Como abogados, los de ambas partes estaban obligados a buscar leyes y sentencias que favoreciesen a sus respectivos clien-*

*tes. Además, veía claramente que la parte vencedora
de un pleito jamás obtenía de la justicia lo que en
puridad le correspondía, pues las costas, los honorarios de los abogados y otros gastos mermaban de
modo considerable lo que el vencedor debía perci-
bir. Entonces, consideré que mi verdadera obligación era conseguir un arreglo entre las partes y, después de esforzarme en este sentido, el sheth Tyeb
aceptó. Se nombró un árbitro, ante el que expusimos
el caso los abogados de los dos clientes. Ganó
Abdulla.*

El pleito, pues, terminó, liquidándole Tyeb a Abdulla el
dinero convenido, que ascendía a treinta y siete mil libras a
plazos, pues de haber tenido que abonárselo todo de una vez,
Tyeb habría quedado en bancarrota, lo que, según los usos y
costumbres, le habría inducido al suicidio.

Y Gandhi, de este caso, sacó la conclusión de que la verdadera misión del abogado ha de consistir en unir a las partes en discordia, y fiel a esta convicción, eso es lo que Gandhi
hizo casi siempre que tuvo que ejercer como abogado.

De nuevo en Durban

Terminado el pleito satisfactoriamente, Gandhi salió de
Pretoria y regresó a Durban, donde Abdulla le aguardaba entu-
siasmado. Y como ya nada retenía a Gandhi en Sudáfrica,
empezó a hacer los preparativos para regresar a su patria.

Abdulla organizó un festejo en honor del joven abogado,
al cual asistieron muchos comerciantes hindúes. Luego,
durante el ágape, Gandhi leyó los titulares en primera página
del *The Natal Mercury*.

Allí se anunciaba un proyecto de ley que iban a presentar a
la Asamblea Legislativa y que, caso de ser aprobado, privaba

a los hindúes del derecho de voto. Gandhi le pidió a Abdulla que le explicara claramente cuál era el meollo del asunto.

—¿Qué entendemos nosotros de estas cosas? —fue la respuesta ambigua de Abdulla, que sumió a Gandhi en un mar de confusiones—. ¿Qué sabemos nosotros de leyes? —continuó Abdulla—. Los ojos y oídos nuestros son los abogados europeos que viven aquí.

—¿Y no ayudan a los jóvenes hindúes nacidos y educados en este país? —preguntó Gandhi.

—¿Ellos? —el tono de Abdulla era desdeñoso y burlón—. Nunca vienen a nosotros y a decir verdad, tampoco nosotros nos ocupamos de ellos. Al ser cristianos, están sometidos a la voluntad de los curas blancos, que a su vez están a las órdenes del gobierno.

> *Aquello me abrió los ojos* —explicó Gandhi—. *Sentí que esa clase era nuestra. ¿Era ése el sentido del cristianismo? ¿Dejaban de ser hindúes por haber abrazado la fe cristiana?*

—Ese proyecto de ley si se aprueba —le dijo Gandhi a Abdulla—, hará nuestra existencia mucho más difícil. Es el primer clavo de nuestro ataúd. Ataca a la raíz de nuestra dignidad y derecho a la vida.

—Es posible —asintió Abdulla, y agregó—: Voy a contarle el origen de la franquicia en cuestión. En realidad, casi no sabemos nada del asunto. La cosa fue así: Escombe es, como ya sabe, uno de nuestros mejores abogados y un gran luchador político. Como las relaciones estaban tirantes entre él y el ingeniero de Puertos, temió que éste le arrebatase muchos votos y lo derrotase en las elecciones. Por tanto, Escombe nos informó sobre nuestra situación y, a instancias suyas, nos registramos como votantes y votamos por él. Ahora, advertirá usted que la franquicia no tiene para nosotros el mismo valor que usted le otorga. Sin embargo, comprendo lo que usted dice. ¿Cuál es su consejo?

Los demás invitados estaban ya pendientes de la conversación.

Y uno de ellos intervino.

—Yo opino que, sencillamente, el señor Gandhi debería cancelar su pasaje del próximo barco y quedarse otro mes con nosotros para poder iniciar la lucha bajo su dirección.

Todos aprobaron esta idea, pero Abdulla, como hombre práctico, les recordó a los demás que Gandhi era abogado y que, como tal, querría cobrar honorarios.

Pero Gandhi rechazó los honorarios, aunque sí dijo que, como tendría que adquirir libros sobre derecho procesal y consultar a algunos abogados, tendría dispendios. Sus oyentes le interrumpieron, asegurándole que no debería preocuparse por el dinero.

Y de esta manera, el festejo de despedida se convirtió en un comité ejecutivo de acción. Acto seguido, Gandhi empezó a perfilar la campaña a seguir. Y éste fue el verdadero principio de la vida de Gandhi en Sudáfrica.

Había renunciado a su deseo de volver a la India, y no sabía siquiera cuándo podría regresar a su hogar y a su esposa. Sudáfrica acababa de atarle a su suelo en favor de los derechos de sus hermanos de raza, los hindúes, aunque hubieran nacido en Africa del Sur.

En Sudáfrica quedarán esbozados los principios de la acción futura de Gandhi. Allí llevará a cabo su primer «abrazo de la verdad», acción no violenta, pero valerosa al servicio de la verdad. Verdad y no violencia que ha encontrado en la Biblia y en sus autores favoritos ya citados. «Nadie puede vivir en paz mientras piense, "yo soy el propietario". ¿Quién puede reclamar propiedad? ¿Los británicos? ¿Y antes que ellos los drávidas, los hindúes de la antigüedad, los musulmanes? Hoy somos nosotros los que reclamamos esa propiedad, pero den-

En junio del año 1891 regresa a su hogar habiendo recibido la licenciatura de abogado.

tro de cuatrocientos o mil años, quizá vengan otros recla-
mando la misma. El país está aquí y venimos y nos procla-
mamos sus propietarios sin serlo. Dios es el único propietario, el que posee todo lo animado o inanimado que hay en
este universo. Esta es la única verdad; bajo la influencia de
la ilusión pensamos que somos nosotros los propietarios. En
realidad Dios, la Verdad, lo posee todo y, por tanto se le llama
el más rico.»

CAPÍTULO X

EL ABOGADO DE COLOR

Rápidamente quedó formado el Comité en favor de la comunidad hindú en Africa del Sur, y de su derecho a votar en las elecciones. En esta campaña se vieron apoyados por el prestigioso abogado Harry Escombe, que más tarde sería primer ministro de Natal.

Delante de la lucha común, se olvidaron todas las diferencias, y llegaron hasta Gandhi numerosísimos voluntarios hindúes, parsis, musulmanes, cristianos, ricos y pobres. A cada cual se le asignó una tarea distinta, como enviar peticiones, telegramas, labor coordinadora, etcétera.

Gandhi era el sumo director de aquella actividad febril. Abdulla, por su parte, creyó oportuno que Gandhi residiese en un lugar más conveniente, en el distrito europeo de Beach Groves Villa. El mismo abonó el alquiler de la vivienda y la amuebló con gusto. Allí se instaló, en realidad, el cuartel general del movimiento.

El proyecto de ley, origen de todo ello, ya había sido presentado a la Asamblea, y la estrategia del recién formado comité tenía como principal objetivo conmover a la opinión pública, creando de esta manera el rechazo a dicho proyecto.

También se enviaron telegramas a los parlamentarios ingleses y a los periódicos de más prestigio de la capital británica.

La primera petición enviada a la Asamblea llevó la fecha del 28 de junio de 1894, y era una auténtica obra maestra para la defensa del derecho al voto de los hindúes.

Gandhi presentó una solicitud para poder actuar como abogado ante el Tribunal Supremo y adjuntó el certificado de admisión extendido durante su breve actuación en Bombay. Fue el propio Harry Escombe quien, de acuerdo con lo preceptuado por la ley, presentó la solicitud. Pero el Colegio de Abogados, objetando que el certificado original inglés no iba adjunto a la solicitud, se opuso al ingreso de Gandhi en su Colegio. En realidad, la oposición se fundaba en que cuando se dictaron las normas para la admisión de abogados, nadie pensó que un día solicitaría el ingreso un abogado de color.

Finalmente, el asunto se solucionó, pero cuando Gandhi prestó el juramento correspondiente y se puso para ello de pie, el presidente del Tribunal Supremo, le dijo:

—Señor Gandhi, ahora debe quitarse el turbante. Se someterá a las normas de este Tribunal respecto al modo cómo han de vestir los abogados que actúen ante él.

La oposición que había sufrido por parte del Colegio de Abogados fue para Gandhi otra advertencia. Casi toda la Prensa había condenado aquella oposición acusando al Colegio de Abogados.

El Congreso de Natal

Gandhi necesitaba encontrar un nombre para la nueva organización. Debía ser un nombre que no la identificase con ningún partido político, y Gandhi sabía, además, que la palabra «Congreso» sonaba mal a los oídos de los conservadores ingleses, mientras que el Congreso era la misma vida de la India.

Gandhi deseaba popularizar la palabra Congreso de Natal, por lo cual, tras exponer sus razones ampliamente, recomendó la adopción del nombre «Congreso Hindú de Natal». Y el día 22 de mayo de 1894 nació para el mundo el Congreso Hindú de Natal.

La organización, gracias a los esfuerzos de Gandhi y sus primeros fundadores, consiguió en poco tiempo un gran número de amigos suscritos por una libra mensual. Y otros grupos más numerosos todavía por diez chelines al mes.

Pero Gandhi pronto se dio cuenta de que la gente no tendía a pagar las cuotas con facilidad. Resultaba imposible reclamar el pago a los afiliados que vivían fuera de Durban, e incluso para cobrar las cuotas de la misma ciudad era preciso visitar reiteradamente a los suscritos.

El Congreso, pese a todas las dificultades, inició sus tareas con todo entusiasmo, ayudando a los hindúes nacidos y educados en Sudáfrica. En realidad, aquel Congreso era una especie de sociedad polémica, y los afiliados se reunían con regularidad y hablaban o leían periódicos para discutir sobre temas diversos. También se inauguró una pequeña biblioteca.

La tercera característica fue la propaganda. Esta consistía en familiarizar a los ingleses de Sudáfrica e Inglaterra, así como al pueblo de la India, sobre la verdad de la situación hindú en Natal. Gandhi, a este respecto, escribió dos folletos. El primero, titulado: *Llamamiento a cada británico de Sudáfrica,* era una exposición, respaldada con pruebas, sobre la situación general de los hindúes en Natal.

El segundo se tituló: *La franquicia hindú: un llamamiento.* Contenía un breve resumen acerca de la abolición de los derechos constitucionales para los hindúes de Natal, con las cifras correspondientes y su documentación. Todo esto abrió y colocó ante los hindúes sudafricanos una línea de acción a seguir.

Balasundaram

Apenas había salido el Congreso de su infancia, cuando se presentó ante Gandhi un tamil andrajoso, turbante en mano, con dos dientes rotos y sangrando. Su patrón le había maltratado. De todo esto le informó a Gandhi su empleado, que era también tamil. Balasundaram, que éste era el nombre del harapiento tamil, estaba trabajando contratado por un conocido europeo que residía en Durban. El amo se había enojado con él, y perdiendo el control se había abalanzado contra el tamil, rompiéndole los dientes. Y según Gandhi:

> *Ante todo, le envié a un médico. Por aquel tiempo, todos los médicos eran blancos. Y yo deseaba un certificado médico de las lesiones causadas al tamil.*
>
> *Obtuve el certificado y junto con Balasundaram acudí al juez, ante el cual hice que el tamil prestara declaración jurada. El magistrado se indignó al leer la declaración e inmediatamente ordenó la detención del agresor.*
>
> *Lejos de mi ánimo estaba que aquel hombre fuese castigado. Simplemente, quería que Balasundaram pudiese abandonar su servicio. Yo conocía las leyes laborales del país y sabía que si un servidor dejaba su trabajo sin notificarlo previamente a su patrón, éste podía denunciarle a los tribunales civiles.*
>
> *Pero en el caso de los obreros contratados era muy distinto, ya que en las mismas circunstancias, el patrón podía proceder contra él criminalmente y, caso de resultar culpable, era condenado a la cárcel. Es por eso que Sir William Hunter calificó el sistema laboral de los trabajadores contratados en Sudáfrica de algo casi peor que la esclavitud.*

Para solucionar el caso de Balasundaram, Gandhi sólo tenía ante sí dos caminos. Lograr que el Protector de los Obreros Contratados cancelase el contrato, y que la víctima fuese cedida a otro amo, o que el agresor consintiese en liberarlo sin más trámites.

Gandhi fue a ver a este último, diciéndole que no era su empeño proceder en contra suya, y que se consideraría satisfecho si se avenía a transferir el tamil a otro amo.

El agresor accedió a ello y Gandhi fue a ver al Protector, quien se mostró de acuerdo con el final del asunto, a condición de que el tamil hallase otro patrón.

> *Inicié esa búsqueda, y tenía que ser europeo, pues los hindúes no podían tener trabajadores contratados. Por aquel entonces, yo sólo conocía a unos pocos europeos, pero uno de ellos, muy amablemente, estuvo dispuesto a aceptar a Balasundaram a su servicio.*
>
> *El caso de Balasundaram llegó a conocimiento de todos los obreros contratados y comenzaron a considerarme un buen amigo suyo. Me alegré profundamente de que así fuese. Una corriente regular de obreros comenzó a afluir a mi oficina y tuve la ocasión de informarme de sus pesares y alegrías.*

Gandhi añadió que el tamil se quitaba el turbante cuando iba a visitarle, en señal de respeto, como hacían con los europeos. Pero Gandhi le suplicó que no lo hiciese.

«Siempre ha sido un misterio para mí que haya hombres que se sientan honrados con esta humillación.»

CAPÍTULO XI

REGRESO A LA INDIA

Gandhi, amo de casa

Montar un hogar no era una experiencia nueva para Gandhi. Pero instalar casa en Natal, era muy diferente de lo que había hecho en Londres y en Bombay. Porque en aquel caso tenía que velar por el prestigio.

Gandhi creía necesario tener una vivienda en consonancia con su posición de abogado y como representante de los hindúes de Natal. Por lo tanto, alquiló una bonita vivienda en un distrito elegante, amueblándola adecuadamente.

Como solía invitar con frecuencia a los amigos ingleses y a sus colaboradores, los gastos le resultaban cuantiosos.

Aunque le era necesario a Gandhi tener un criado, jamás había sabido tener a nadie bajo su autoridad, por lo que no tenía criados; en cambio, sí tenía a un amigo que le servía de acompañante, y un cocinero, el cual era como un miembro de la familia.

> Mi compañero —contó Gandhi en sus *Memorias*—, era un hombre inteligente, y le tenía por un amigo. Mas en esto me equivoqué. Empezó a sentir celos de un empleado que también vivía con nosotros y tejió a su alrededor tal tela de araña que comencé a sospechar del empleado en cuestión.

75

Pero éste también tenía su carácter. Al comprender que desconfiaba de él, abandonó la casa y el empleo. Esto me apenó mucho, pensando que quizá hubiese sido injusto con él, y mi conciencia no cesó de atormentarme.

Por aquellas fechas, mi cocinero pidió unos días de permiso y estuvo ausente una breve temporada. Como necesitaba un sustituto, conseguí uno que resultó ser un bribón. Mas para mí fue como un presente divino.

Al cabo de dos o tres días de estar en casa, averiguó algunas irregularidades que ocurrían en mi hogar sin saberlo yo, y decidió advertirme. Yo tenía fama de ser un poco crédulo, pero muy decente. Por lo tanto, el descubrimiento suyo me asombró de veras.

Yo solía ir de la oficina a casa a almorzar sobre la una de la tarde. Y un día, casi a las doce, llegó el cocinero con la respiración entrecortada.

—¡Por favor, venga enseguida a casa!

Bien, fui a casa acompañado por un empleado y el cocinero que iba delante de nosotros. Me llevó directamente al piso alto y, señalando la puerta de la habitación de mi compañero, dijo:

—Abra esta puerta y véalo usted mismo.

En efecto, lo vi. Llamé y no obtuve respuesta. Llamé más fuerte hasta que hice retemblar las paredes y finalmente se abrió la puerta.

Dentro del cuarto había una prostituta. Le dije que saliese y que no se le ocurriese volver. Luego, le advertí a mi compañero:

—Desde este momento no quiero tener nada que ver con usted. Me veo defraudado en su confianza...

Pero aquel hombre, en lugar de marcharse y mostrarse arrepentido, me amenazó con revelar detalles de mi vida.

—Hágalo —repliqué—, pues no tengo nada que ocultar. Pero salga inmediatamente de mi casa.

Finalmente, después de amenazarle con ir a ver al Superintendente de policía, consintió en marcharse.

El incidente me sirvió de advertencia oportuna en mi vida. Ya algunos amigos me habían prevenido contra aquel individuo, y yo no les había hecho caso. Afortunadamente, Dios había acudido en mi ayuda como tantas otras veces. Mis intenciones eran puras y por eso me salvé pese a mis errores. Mas este temprano aviso fue una solemne advertencia para el futuro.

El regreso a la India

En 1896, Gandhi pidió permiso para pasar seis meses en la India. Tenía ya una clientela importante y sabía que «los hindúes necesitaban de mi presencia».

Por esto resolvió ir en busca de su esposa y sus hijos. Además, deseaba aprovechar el viaje para interesar a la opinión pública de su patria acerca de la discriminación que sufrían los hindúes en Sudáfrica.

A cargo del Congreso Hindú de Natal y de la Sociedad Educativa que dependía del mismo, quedaron Parsi Rustomji y Adamji Miyakhan, dos personas en las que Gandhi confiaba plenamente y con razón.

¿Qué ha influido más en él, su estudio de la verdad o la circunstancia concreta de una minoría india en un país que le oprime? En realidad, es su fidelidad a la verdad en su posición interna lo que le va llevando a actuar cada vez más ampliamente y a dar a su acción un sentido más profundo.

La formación de Gandhi se beneficia gracias a su actitud abierta respecto a todo lo que puede darle luz para obrar. Es interesante verle reaccionar siempre, doblegarse ante el acontecimiento que dicta su acción, por un lado, pero a la vez ir poniendo en práctica sin vacilaciones lo que va descubriendo respecto a la verdad.

Gandhi profundiza en esta época en el estudio de las religiones. La suya propia, en primer lugar, y la musulmana. Muchos indios comerciantes en Sudáfrica practicaban esta última. Conocerá pronto también más a fondo el Cristianismo. Pero como manifestará una y otra vez «le convencerá más el Cristianismo que los cristianos que dicen ser tales». El Nuevo Testamento, y sobre todo el Sermón de la Montaña, serán sus preferidos y llegarán a conmoverle. Años más tarde confesará que «fue el Nuevo Testamento el que realmente me despertó a la justicia y al valor de la resistencia no violenta»: «Bienaventurados los pacíficos porque ellos serán llamados hijos de Dios.» «Bienaventurados los que padecen persecución por la justicia, porque de ellos es el reino de los cielos.» El *Bhagavad Gita,* libro sagrado hindú, ahondó esta impresión y *El reino de Dios está en vosotros,* de Tolstoi, le dio forma definitiva.

Otro libro que influirá en él de una manera decisiva, y del que volveremos a hablar, es *Unto this Last,* de John Ruskin (1819-1900). Nada más leerlo pondrá en práctica sus ideas. Por eso cuando en 1904 lleve una vida política y profesional muy activa, nada le impedirá retirarse con los suyos a las cercanías de Durban, Phoenix, donde vivirá con su familia y colaboradores, algunos de ellos europeos, en una granja agrícola, donde todos participan en el trabajo. Una especie de comuna más o menos ecologista en donde sueña con una naturaleza no deformada por el hombre y en un estado social más próximo

*A principios de 1915, cuando al regreso desde Londres fue recibido con
una gran manifestación en Bombay.*

a ella. Trasladará allí incluso la redacción y las máquinas del periódico que ha creado para sostener su acción política.

Porque es el descubrimiento de su vocación política lo que caracteriza este período de la vida de Gandhi. Es un descubrimiento que se efectúa al compás de los acontecimientos y se va conformando con su persona hasta formar una sola cosa. Su actuación lleva el sello de su personalidad. Y a él sólo podemos verlo ya como político.

CAPÍTULO XII

INTERMEDIO EN LA INDIA

Cuando Gandhi desembarcó en Bombay, tomó el tren en dirección a Rajkot, pero cuando el ferrocarril llegó a Allahabad, aprovechando que la parada allí era de cuarenta y cinco minutos, se apeó con el ánimo de pasearse por la localidad, pero tanto se demoró que el tren partió sin él.

Debido a esto, tras alquilar una habitación en Kellner, decidió visitar al hijo del señor Chesney, que era director del periódico *The Pioneer*. Chesney hijo le recibió de inmediato y Gandhi se apresuró a relatarle todas sus experiencias sudafricanas, haciendo hincapié en el trato que estaban recibiendo allí los hindúes. Chesney, a continuación, le prometió publicar todo cuanto escribiera sobre aquel tema, aunque añadió que no podía prometer endosar todas las demandas hindúes, pues también debía interpretar y sopesar el punto de vista de los colonialistas.

Gandhi pasó el resto del día paseando por la ciudad, admirando la confluencia de los tres ríos, o *triveni,* y planeando sus tareas futuras.

Según el propio Gandhi, *esta entrevista inesperada con el director de* The Pioneer, *fue el origen de una serie de incidentes que finalmente condujeron a mi linchamiento en Natal.*

Manos a la obra

Gandhi se marchó directamente a Rajkot y empezó a prepararse para el trabajo. Ante todo, se puso a la tarea de redactar un folleto explicativo de la situación en Sudáfrica, tardando un mes entre escribirlo y publicarlo. Y como el folleto tenía las tapas de color verde, fue conocido como «El folleto verde».

Hizo imprimir diez mil ejemplares, que distribuyó por toda la India, especialmente entre los líderes y los diarios. La agencia Reuter despachó un cable a Inglaterra resumiendo el contenido del folleto, y la central londinense transmitió a Natal un resumen de ese resumen. Como se trataba de un extracto, las palabras usadas no eran las originales de Gandhi, por lo que dicha deformación produjo en Natal un efecto pésimo.

La peste

Por aquella época se declaró la peste en Bombay, y el pánico se propagó por doquier.

Gandhi ofreció sus servicios al Estado, que los aceptó y fue designado miembro del Comité que debía cuidar del problema.

Particularmente insistió en la necesidad de sanear al máximo las letrinas, por lo que el Comité decidió inspeccionar las de las calles. Los pobres no objetaron nada a aquella inspección, y en cambio cuando quisieron inspeccionar las viviendas de los más opulentos, éstos se opusieron y no aceptaron las sugerencias que se les hizo para mejorarlas.

Gandhi, en Bombay

Había fallecido su cuñado, y Gandhi tuvo que marcharse a Bombay al día siguiente a fin de asistir a un mitin. Debido a aquel óbito, no había tenido tiempo de meditar su discurso, y tenía incluso enronquecida la voz, pero no obstante, se dirigió a Bombay confiando en Dios.

De acuerdo con las instrucciones recibidas de parte de sir Perozeshah Mehta, Gandhi se presentó en su despacho a las cinco de la tarde del día anterior al mitin.

Sir Perozeshah le aconsejó que redactase su discurso y lo imprimiese rápidamente, pues tal era la costumbre de Bombay.

Al día siguiente, cuando acudí al mitin, comprendí lo prudente del consejo de sir Perozeshah. El acto tenía lugar en la sala central del Instituto Sir Cowashi Jehangir. Yo ya había oído que cuando sir Perozeshah tomaba parte en un acto público, el salón se llenaba hasta los topes de estudiantes deseosos de escucharle. Este fue el primer mitin de envergadura al que asistí en mi vida. Y descubrí que mi voz solamente llegaba a las primeras filas. Cuando empecé a leer mi discurso estaba temblando.

Mi viejo amigo, Sjt. Keshavrao Despande quiso ayudarme. Le entregué mi discurso. Su voz era justamente la adecuada, pero el auditorio se negó a escucharle. El salón retemblaba a los gritos unánimes de «¡Wacha! ¡Wacha!» Por tanto, el señor Wacha se puso de pie y leyó el discurso con maravillosos resultados. Se hizo un silencio profundo entre el auditorio, que escuchó el discurso hasta el final, subrayándolo con aplausos y aun gritos de «¡Qué vergüenza!», lo cual regocijó mi corazón.

Gandhi debió gran parte de su influencia al hecho de ser considerado un hombre santo por muchos indios. Proclamaba su condición de hindú, pero también dijo en una ocasión que era cristiano, budista e incluso judío, y en los mítines-plegaria, que formarían parte habitual de sus campañas de no-violencia, así como en su vida diaria en los *ashrams* o granjas que compartía con sus discípulos, se cantaban himnos de todas las religiones.

En realidad, como hindú fue bastante heterodoxo, y pasó gran parte de su vida intentando eliminar los abusos internos del hinduismo, tales como la segregación de las castas y el matrimonio de los niños.

No era un místico practicante; nunca pretendió poseer —aunque lo deseó fervientemente— una experiencia religiosa interior. Y, sin embargo, no comprenderíamos su vida de olvidar su insistencia en que la religión y la política estaban inextricablemente ligadas en la búsqueda común de la verdad: «El único camino para encontrar la verdad —Dios— es la no violencia».

El reino de Dios está en vosotros, de Tolstoi, le cautivará. Para el gran novelista y pensador ruso las iglesias han adulterado la verdadera doctrina de Cristo, cuya ley suprema es el amor. El verdadero amor está en la renuncia al bienestar personal por causa del prójimo. De esta doctrina deriva el precepto de la no resistencia, según el cual no debe resistirse al mal con la violencia, no contradecir el amor con la fuerza. Esto no significa abstenerse de toda lucha contra el mal, sino de la acción violenta contra éste.

Sus ideas pacifistas anarquizantes rechazan al Estado como expresión de la soberanía de los peores llevada a su grado más extremo, que tiene por base la violencia corporal (Policía, Ejército) así como la intimidación y la corrupción.

El amor indica que en lugar del Estado se establezca la convivencia social, fundada únicamente en los preceptos de aquél:

> *La independencia aislada no es la meta de las naciones del mundo, sino la independencia voluntaria.*

CAPÍTULO XIII

POONA Y MADRÁS

Sir Perozeshah Mehta facilitó el camino de Gandhi. Y éste, de Bombay se trasladó a Poona, donde había dos partidos. Gandhi quería ayudar al pueblo, sin distinción de matices políticos, y primero se entrevistó con Lokamanya Tilak, el cual amablemente le manifestó:

—Está usted en lo cierto al buscar la ayuda de todos los partidos. No puede haber diferencias de opinión en el asunto de Sudáfrica. Pero le conviene que presida el acto un hombre apolítico. Vea al profesor Bhandarkar. Hace tiempo que no toma parte en ningún movimiento público. Pero esta cuestión es probable que lo arrastre. Véalo y hágame saber cuál ha sido su respuesta. Deseo ayudarle con todas mis fuerzas. Desde luego, puede venir a verme siempre que quiera, pues estoy a su disposición.

Esta fue la primera entrevista de Gandhi con Tilak, que le reveló el secreto de su enorme popularidad. Después fue a visitar a Gokhale, al que encontró en el Colegio Fergusson. Le recibió amablemente y sus maneras conquistaron rápidamente su corazón. Era la primera vez que lo veía y, no obstante, tuvo la impresión de reanudar una vieja amistad.

Sir Perozeshah me pareció como el Himalaya, y Lokamanya Tilak como el océano, pero Gokhale era como el Ganges. Uno podía darse un baño refrescante en el río sagrado. El Himalaya era inexpugnable y no era fácil atravesar el océano, pero el

*Ganges invita a sumergirse en su seno, y es un pla-
cer navegar por él con un bote y dos remos.*

El doctor Bhandarkar recibió a Gandhi con el afecto de un
buen padre y cuando Gandhi acabó de exponerle lo referente
a Sudáfrica, respondió:

—Todo el mundo le dirá que yo no participo en política.
Pero ahora no puedo negarle mi colaboración. Su caso es tan
fuerte y su laboriosidad tan admirable que no puedo por menos
que tomar parte en el mitin. Hizo usted bien en consultar a
Tilak y a Gokhale.

Sin bullicio alguno, aquellos eruditos, ya amigos de Gandhi,
celebraron un mitin en un lugar sencillo y Gandhi sintióse
más seguro y confiado en su misión.

A continuación, Gandhi fue a Madrás, donde la gente enlo-
queció de entusiasmo.

Por ejemplo, el incidente de Balasundaram provocó profunda impresión.

Y el auditorio, aunque el discurso era demasiado largo, lo
escuchó religiosamente.

*La mayor ayuda que recibí allí fue la de Sjt.
Parameshvaran Pillay, director del* The Madras
Standard. *Había realizado un cuidadoso estudio en
cuestión y me invitó con frecuencia a su despacho,
brindándome sus consejos.*

Sjt. G. Subrahmanian del The Hindu *y el doctor
Subrhamaniam, también fueron muy amables. Pero
Sjt. Parameshvaran puso a mi disposición las columnas de su diario y yo me serví abundantemente de su
oferta. El mitin, que se celebró en el Salón Pachiappa,
estuvo presidido por el doctor Subrahmaniam.*

*El afecto que me demostraron todos esos amigos
y su entusiasmo por la causa fueron tan grandes que,*

*pese a tener que hablar con ellos en inglés, me sentí
en mi propia casa.*

Regresa al momento

De Madrás, Gandhi pasó a Calcuta, donde tuvo ciertas dificultades. En aquella ciudad no conocía a nadie, y tuvo que alquilar una habitación en el hotel Great Eastern, donde conoció a Ellerthorpe, corresponsal del *Daily Telegraph.* Este le invitó al club de Bengala, donde estaba hospedado. Al enterarse de que un hindú no podía estar en el salón del hotel, le llevó a su habitación y dijo lamentarlo mucho.

Después, Gandhi se entrevistó con Surendranath Banerji, «el ídolo de Bengala». Y cuando le vio y le expuso sus pretensiones, Banerji respondió:

—Mucho me temo que la gente de Calcuta no se interesará por su tarea. Como ya sabe, nuestras dificultades en ésta son múltiples. Tendrá que ganarse las simpatías de los maharajás. Pienso que tal vez convenga que vea a los representantes de la Asociación Hindo-Británica. Entrevístese con el rajá sir Pyarimochan Mujarki y el maharajá Tagore. Ambos tienen espíritu liberal y toman una parte considerable en los asuntos públicos.

Gandhi visitó a los nombrados, pero sin éxito alguno. Y su labor cada vez se hacía más difícil. Pero no se desanimó y continuó visitando a otras personalidades y otros diarios.

Por fin, Saunders, director del *The Englishman,* se tomó el asunto con gran empeño y puso el diario y su oficina a la disposición de Gandhi.

La inesperada ayuda de Saunders indujo a Gandhi a pensar que, a pesar de todas las dificultades, tal vez tendría la posibilidad de celebrar un mitin en Calcuta. Pero de pronto, recibió un cable desde Durban:

«Parlamento ábrese en enero. Regresa pronto.»

Gandhi envió una carta a la Prensa explicando las razones de su partida y se marchó hacia Bombay. Y esta vez viajó a Sudáfrica en compañía de su esposa y sus dos hijos.

Durban es una ciudad y puerto en la actualidad de la República de Sudáfrica en el territorio de Natal; rebasa el millón de habitantes, de los cuales el 40 % son indios. La prosperidad de este puerto, fundado oficialmente en 1835, se debió a la explotación de los yacimientos auríferos de Witwatersrand, de los cuales constituye la salida al océano Indico. Su tráfico en toneladas (el primero del país), lo sitúa entre los más importantes puertos africanos. Constituye también un centro industrial de primer orden con dos refinerías de petróleo, unidas por oleoductos a la región industrial del Transvaal, siderurgia, metalurgia, una refinería de azúcar, industrias alimentarias, astilleros y fábricas textiles.

Debe su nombre a Sir Benjamin D'Urban, militar y administrador británico (1777-1849). Fue nombrado gobernador de la colonia de El Cabo (1834-1838) con la misión de luchar por la supresión definitiva de la esclavitud y llegar a un acuerdo con los estados indígenas de zulúes y matabeles. Anexionó los territorios de la frontera oriental, hasta el río Kei (1835) para restablecer el orden entre los colonos europeos y los xoxa; pero el gobierno de Londres le desautorizó y renació la inestabilidad; esta fue una de las causas del gran Trek o emigración de los boers en 1836. En 1846 sería nombrado comandante de las tropas destacadas en el Canadá y fallecería en Montreal en 1849.

Sudáfrica o la República de Sudáfrica (África del Sur) es un variopinto país con una compleja problemática en la que destaca la famosa y tristemente célebre segregación racial *(apartheid)* quizás en vías de solución en la actualidad. Problemática que Gandhi solucionó en eran manera por lo que respecta a la minoría hindú.

Vistiendo a la usanza hindú, acompañado de su esposa, como símbolo de su lucha nacionalista.

CAPÍTULO XIV

INCIDENTES EN NATAL

Gandhi viajó con su familia en el barco *Courland,* propiedad de Dada Abdulla, y otro barco, el *Nadori* partió también hacia Sudáfrica en la misma fecha. Y ambos buques llegaron a Durban del 18 al 19 de diciembre de 1897.

Durante la travesía, se desencadenó una tormenta, durante la cual muchos pasajeros y entre ellos Gandhi, creyeron llegada su última hora.

Pero lograron llegar a Durban sanos y salvos, y allí se encontraron con la primera dificultad.

Como en Bombay reinaba todavía la peste cuando el *Courland* se hizo a la mar, los pasajeros provinentes de dicha ciudad tenían que pasar por una cuarentena.

Es obligatorio, en uno de estos casos, que antes de comenzar la revisión sanitaria cada barco enarbole la bandera amarilla, que no puede arriar hasta que las autoridades médicas no digan que no hay peligro de contagio. Y mientras está izada la bandera amarilla, nadie, ni amigos ni parientes, puede subir a bordo.

El *Courland* izó la bandera amarilla, y el doctor subió a bordo y empezó su revisión. Luego, dispuso que sólo se observase una retención de cinco días, ya que las bacterias de la peste, según él, tardaban veintitrés días en manifestarse, y teniendo en cuenta que la travesía se había hecho en dieciocho días, sólo faltaban cinco para tal manifestación.

Sin embargo, según contó el propio Gandhi, la retención se debía a otros motivos que al peligro de contagio.

Amenazas

> *Los residentes blancos de Durban habían efectuado varias manifestaciones exigiendo la repatriación inmediata de los hindúes, y era éste el motivo de la mencionada disposición. «Dada Abdulla & Co.» nos mantuvo informados, mediante sus agentes, sobre los sucesos diarios de la ciudad. Los blancos celebraban mítines monstruosos cada día, y trataron de presionar por diversos medios a la compañía de Dada Abdulla. Formulaban asimismo toda clase de amenazas e incluso estaban dispuestos a indemnizar a la compañía si enviaba los dos barcos de regreso a la India.*

Por suerte, Sjt. Mansukhlal Naazar estaba a la sazón en Durban, donde aguardaba la llegada de Gandhi. Era un individuo inteligente y valeroso que dirigía la comunidad hindú. Su abogado, Mr. Laughton, tampoco tenía miedo y condenaba la conducta de los blancos.

De esta manera, Durban era el escenario de las luchas entre dos bandos. En uno, un puñado de hindúes miserables, y del otro, los poderosos blancos.

Por tanto, el verdadero objeto de la cuarentena era obligar a los pasajeros a volver a la India, y por eso empezaron a llegar amenazas, entre otras cosas, que citó Gandhi:

> *Si no regresáis os arrojaremos al mar. Pero si consentís en volver a la India, se os devolverá incluso el importe del pasaje.*

Gandhi no dejaba de alentar a los pasajeros y hasta envió mensajes de ánimo a los pasajeros del otro buque, el Nadori.

Y Gandhi añadió:

> *El objetivo principal de la lucha era yo, y se me formulaban dos acusaciones:*
> *1. Que mientras estuve en la India me permití atacar impunemente a los blancos de Natal.*
> *2. Que al propósito de inundar Natal de hindúes, había traído especialmente dos barcos cargados con gran número de mis compatriotas.*

No obstante, Gandhi era inocente. No había inducido a nadie a viajar a Natal, ni conocía a la mayoría de pasajeros cuando se embarcó. Tampoco en la India había dicho nada contra los blancos de Natal que no hubiera dicho ya públicamente en Sudáfrica.

Al fin, transcurridos los cinco días, se permitió el desembarco.

El linchamiento

Los buques amarraron en el muelle y los pasajeros fueron desfilando hacia tierra. Escombe fue a advertirle al capitán del Courland que como los blancos estaban furiosos contra Gandhi, la vida de éste estaba en peligro, y recomendó que él y su familia desembarcasen al anochecer.

Sin embargo, media hora más tarde se presentó Laughton, y le pidió al capitán que Gandhi desembarcase con él. Luego, se volvió hacia Gandhi.

—Si no tiene usted temor alguno, le sugiero que la señora Gandhi y los niños vayan en coche a la casa del señor Rustomji, mientras usted y yo les seguimos a pie. No me gusta la idea de que entre usted en la ciudad de noche como un ladrón. No creo que nadie ose hacerle ningún daño. Los blancos ya se han dispersado.

Me mostré de acuerdo. Mi esposa y mis hijos fueron llevados, sin novedad, a casa del señor Rustomji. Y yo, con el permiso del capitán, bajé al muelle con Laughton. La casa del señor Rustomji se hallaba a unos tres kilómetros del puerto.

Apenas desembarcamos, unos jóvenes me reconocieron y empezaron a gritar: «¡Gandhi! ¡Gandhi!»

Llegaron corriendo media docena de hombres y también corearon mi apellido. Laughton, ante el temor de que el grupo fuese en aumento, paró una ricksha.

A mí jamás me ha gustado la idea de ir en ricksha, con un hombre tirando del vehículo como una bestia de carga.

Esta iba a ser mi primera experiencia, pero los jóvenes no me dejaron subir. Asustaron al hombre del vehículo, el cual echó a correr. A medida que avanzábamos a pie, la muchedumbre iba en aumento, hasta que no pudimos dar ni un paso más. Agarraron a Laughton y lo apartaron. Luego, empezaron a arrojarme piedras y huevos podridos. Alguien arrancó mi turbante, mientras otros me daban puñetazos y patadas.

Sintiéndome a punto de desmayarme, me así a los hierros de una ventana, pero siguieron golpeándome. Entonces, casualmente, pasó por allí la esposa del Superintendente de policía, que me conocía, y la valerosa dama abrió su sombrilla, pese a no hacer sol, y la interpuso entre mi cuerpo y la multitud, lo cual detuvo la furia de los agresores, pues era imposible seguir golpeándome sin lesionar a la señora Alexander.

Mientras tanto, un joven hindú, que había presenciado la escena, corrió a la Central de Policía.

El Superintendente designó a varios agentes para que tendieran un cordón protector y me llevaron a casa sano y salvo. Ah, llegaron a tiempo. La Central estaba en nuestro camino y, al llegar a ella, el Superintendente me pidió que me refugiase allí, pero le di las gracias y no acepté, diciendo:

—Estoy seguro que se quedarán quietos cuando comprendan su error. Confío en su sentido de la justicia.

Escoltado por la policía llegué a casa del señor Rustomji sin sufrir más daños. Tenía magulladuras por todas partes, pero ninguna herida, salvo alguna rascadura. El médico del barco, Dadibarjor, me curó lo mejor posible.

Los blancos rodearon la casa de Rustomji. Llegaba la noche y la gente no cesaba de gritar: «¡Atraparemos a Gandhi!»

Llegó el Superintendente de Policía con algunos subordinados para mantener el orden, pero no por la fuerza, sino gastando bromas. Pero estaba preocupado, y me envió un mensaje diciendo: «Si quiere usted salvar la casa y los bienes de su amigo, así como también a su familia, debe disfrazarse y huir cuanto antes».

De manera que el mismo día me hallé ante dos situaciones contradictorias. Cuando el peligro para mi vida era poco menos que imaginario, Laughton me aconsejó que lo desafiase abiertamente. Y acepté el consejo. Y cuando el peligro era muy real, otro amigo me daba el consejo contrario, que también aceptaba.

Bien, me disfracé de policía hindú, endosándome el uniforme y enrollándome en la cabeza un turbante madrasí. Me acompañaron dos detectives. Uno disfrazado de comerciante hindú, con el rostro oscure-

cido, y el otro no recuerdo de qué. Llegamos a una tienda cercana, en una calle solitaria, y saltando sobre los fardos del almacén, salimos por la puerta del negocio, que estaba contigua a la casa de Rustomji. Pasamos entre la multitud y subimos a un coche que el jefe de policía había dispuesto para mí, con el que llegamos a la Central. Le di las gracias al señor Alexander y a los dos detectives.

Mientras yo huía, el señor Alexander entretuvo a la muchedumbre que cantaba: «Ahorquemos al viejo Gandhi de cualquiera de nuestros manzanos.»

Pero cuando se enteraron de mi fuga, la gente se dispersó sin más.

Harry Escombe, en nombre de Mr. Chamberlain, le dijo a Gandhi que, si quería, podían procesar a sus atacantes, pero Gandhi, fiel a sus principios, se negó a ello, añadiendo que les perdonaba a todos de todo corazón.

El Gandhi doméstico

Mahatma Gandhi, todo amor y comprensión con los de fuera, era todo lo contrario con sus familiares, especialmente con su esposa.

Gandhi había abierto ya bufete en Durban, cuando los ánimos se hubieron calmado, y su popularidad fue cada día en aumento.

Los Gandhi se instalaron en la casa de Beach Grove Villas, frente a la bahía de Durban. Aquella mansión se convirtió de nuevo en el cuartel general del movimiento hindú, y no tardó en estar repleta de colaboradores de Gandhi.

La señora Gandhi tuvo que someterse otra vez a la dictadura de su marido, llegando a ser la sirvienta de todo el grupo.

96

Luego, en mayo de 1897, dio a luz un niño, al que impusieron el nombre de Ramdas.

Kasturbai no podía hablar casi nunca con su esposo que, preso en la vorágine de la actividad política y profesional, apenas intercambiaba con ella alguna que otra palabra. Una noche, no pudiendo soportarlo más, se echó a llorar amargamente, y Gandhi la increpó:

—No tolero tanta tontería en mi casa.

—Pues bien —replicó ella—, quédate con tu casa y deja que yo me vaya.

Gandhi, furioso, la arrastró hasta la calle.

—¿Acaso no tienes vergüenza? —le gritó ella—. ¿Te olvidas acaso de quién eres? ¿Adónde he de ir, si no tengo aquí parientes ni nadie que me ampare? Por ser tu esposa crees poder tratarme a patadas. ¡Por amor del cielo, compórtate como es debido y cierra esta puerta! ¡Que nadie nos vea haciendo esta clase de escenas!

Fue la primera sublevación de Kasturbai, y ello conmocionó a Gandhi, mas no hasta el punto de arrepentirse por su conducta.

Gandhi, en efecto, todo amor fuera de casa, era un verdadero dictador dentro de la misma. Y él mismo escribió más adelante:

> *Era una época en la que yo creía que la esposa era el objeto de la lujuria del marido, nacida para complacerle en todo momento, en vez de pensar que realmente era una compañera y un socio en todas las alegrías y todas las pesadumbres del marido.*

Gandhi rectificó y más tarde pensó ya que una mujer tiene derecho a gozar de una vida independiente del esposo, los hijos o los padres.

CAPÍTULO XV

LA GUERRA DE LOS BOERS

Como ya es sabido, después de haberse instalado en África del Sur, aprovechando las guerras napoleónicas, Inglaterra no había dejado de empujar hacia el Norte a los colonos de origen holandés y también a los de origen francés. Y aquellos campesinos, llamados «boers», habían fundado en territorio cafre dos repúblicas, las de Orange y Transwaal, que estaban en conflicto permanente con las autoridades inglesas de la provincia de El Cabo.

Con el descubrimiento de las minas de oro en el Transwaal, el conflicto tomó un carácter más agudo, ya que Inglaterra defendía los derechos de los mineros que se oponían a los agricultores boers.

El 11 de octubre de 1899 estalló la guerra, después de que el viejo presidente Kruger dirigiese un ultimátum al gobierno inglés, intimándole a retirar sus tropas de las fronteras con los Estados boers.

Cuando estalló la guerra, las simpatías personales de Gandhi estaban con éstos, pero también creía que no tenía derecho a imponer sus convicciones personales. Pero al fin, su lealtad con el gobierno inglés le indujo a ponerse del lado de éste. Y Gandhi sostenía entonces que la India podía conseguir su completa independencia sólo dentro y a través del imperio británico. Por lo tanto, reunió a cuantos compañeros pudo y aunque con grandes dificultades, logró que aceptasen sus servicios en el cuerpo de ambulancias. En dicho cuerpo había

99

mil hombres, de los cuales trescientos eran hindúes oriundos de Sudáfrica, y los demás, trabajadores contratados.

Pero a pesar de que al principio se dedicaron solamente a cuidar de los heridos de la retaguardia, el 15 de diciembre de 1899, día de la batalla de Spion Kop, tuvieron que combatir en la línea de fuego, para atender a los heridos boers e ingleses.

El general Buller elogió en un informe el comportamiento de Gandhi y sus hombres y dicho informe obtuvo un eco muy amplio en el mundo entero. Gandhi y otros treinta y siete voluntarios fueron premiados con la Medalla de la Guerra.

Terminada aquella contienda, Gandhi volvió a su casa, convencido de la inhumanidad de toda guerra.

Después, el 22 de mayo de 1900 nació su cuarto hijo, llamado Devadas, el cual sería el último.

El regreso a la India

Cuando el 22 de enero de 1901 falleció la reina Victoria, Gandhi envió un telegrama de condolencia a la familia real en nombre de la comunidad hindú.

Después, en el mes de mayo, tras larga y dolorosa enfermedad, murió en Bombay Rajchancha, el poeta, amigo y guía espiritual de Gandhi.

Y en octubre de 1901, Gandhi y los suyos viajaron de nuevo hacia la India, aunque prometiendo a sus seguidores que, en caso de un suceso importante, volvería rápidamente a Natal.

Ya en la India, dejó a su familia en Rajkot y él se marchó a Bombay. El congreso hindú anunciaba una de sus asambleas, y Gandhi decidió pronunciar un discurso acerca de los hindúes en Sudáfrica.

Después, a pesar de que los hindúes no tenían derecho a pronunciar discursos en el Congreso, gracias a la ayuda de su amigo Gokhale, y tras haber hablado éste sobre el asunto que tanto preocupaba a Gandhi, o sea el estado en que vivían

El pensamiento de Henry Thoreau, como el de Ruskin entre otros, influyó en la doctrina de Gandhi.

los hindúes en Sudáfrica, el Mahatma pudo hablar cinco minutos sobre el mismo tema.

Después de pasar un mes al lado de Gokhale, Gandhi se fue a Rangún, donde le satisfizo el estado de las alcantarillas, la anchura de sus calles y la libertad de que gozaban ya las mujeres birmanas. Sin embargo, «me sentí muy molesto cuando vi que los comerciantes hindúes y británicos explotaban temerariamente a los birmanos».

De Rangún volvió a Calcuta, pasando por Delhi, Agra, Jaipur y Palanpur, terminando el periplo en Rajkot. Gandhi viajaba en tercera clase, lucía un traje hindú muy vulgar, y llevaba una bolsa de viaje por todo bagaje.

En Benarés, según el ritual, se bañó en el Ganges, y visitó el templo Kashi Vishwanath, dedicado al dios Siva. Según uno de sus biógrafos, Robert Payne, *los chillidos de los tenderos, los enjambres de moscas y mosquitos, los importunos sacerdotes, la suciedad y la fealdad, todo le molestaba y le ofendía.*

Ya en Rajkot empezó a ejercer la abogacía, pero al ver que sus ingresos no estaban a la altura de sus necesidades, y que tampoco aumentaba su fama como abogado, se marchó a Bombay. Allí volvió a ver a Gokhale, quien le ayudó con gran eficacia, y al abogado Kevalram Mavji Dave, amigo que había sido de su padre, el cual le envió varios clientes.

Finalmente, un día recibió un cable de Durban, diciéndole que el Comité de allí pedía que cumpliese su promesa, y regresara a Sudáfrica.

Ante este llamamiento, Gandhi se despidió de sus familiares y volvió a embarcarse para Sudáfrica en el mes de noviembre de 1902.

Gandhi critica duramente al Parlamento inglés. El juego de alternancia de partidos, la lucha por mantenerse en el poder obliga a la esterilidad y a la «prostitución» a los gobernantes. La variación pendular afecta también al pueblo, que se ve enredado en un cambio continuo de opiniones divulgadas por los medios de difusión. Lo que hoy es verdad, mañana quizá no lo sea.

Para Gandhi no es éste el único defecto de una democracia representativa liberal. *La mayoría no tiene necesariamente la razón*. Es en Sudáfrica donde descubre esta verdad. Él pertenece a una minoría oprimida, a la que incluso se la priva legal y parlamentariamente de derechos electorales. Este tipo de democracia no basta, pues, para asegurar los derechos de todo hombre. «Descubrí que no tenía ningún derecho porque era indio», dirá en su defensa ante el juez Bromfield, en 1921.

¿Habrá alguna forma de democracia más auténtica? Se preguntaba una y otra vez.

Todo el eje del sistema político de Gandhi es el pueblo en su obra *Hind Swaraj* (La civilización occidental y nuestra dependencia), ésa es la palabra que aparece constantemente como punto de referencia para justificar instituciones y estructuras.

Pero ¿quién es el pueblo?, pregunta al final a su interlocutor imaginario. Y éste responde simplemente de forma enigmática, como señalando con el dedo y sin entrar en definiciones: «Ese de quien hemos estado hablando».

Sin embargo, a lo largo de toda la obra habla una y otra vez de un «nosotros»: «Cuando nosotros hayamos instituido el orden en nuestra propia casa, se quedarán sólo los que sean capaces de vivir en ella.»

Es decir, el pueblo somos nosotros. Un sujeto, no un objeto. Esta es la base de todo su pensamiento. La consecuencia política de la moral de no-violencia. El pueblo no es una cosa para gobernar, sino alguien que tiene que gobernarse a sí mismo. El término *Swaraj* que usa para indicar la independencia, expresa una coincidencia total con un concepto de democracia real.

103

Swaraj es un término extraído de los libros sagrados *Los Vedas* que se define: «El gobierno de cada uno por cada uno.» Es un gobierno tal que cada uno lo siente como su propia ley. O es el gobierno de todos. O el reino de Dios. Para ser real la democracia ha de ser un gobierno al servicio del pueblo y un gobierno del pueblo.

CAPÍTULO XVI

DE NUEVO, EN SUDÁFRICA

Llegó a Durban cuando estaba ya fijada la fecha en que una comisión visitaría al secretario de Estado, Joseph Chamberlain, el cual iba a Sudáfrica a recoger treinta y cinco millones de libras esterlinas a fin de enjugar la deuda por gastos de guerra.

Pero Chamberlain, preocupado sólo por el logro de esa cantidad, apenas hizo caso de la comisión encabezada por Gandhi. Y unos días más tarde, Chamberlain se trasladaba al Transwaal con la misma finalidad.

Cuando la comisión se marchó tras él al Transwaal, Chamberlain no se negó a recibirla, aunque puso como condición que de la misma no formase parte Gandhi.

Además, Gandhi había conseguido el permiso para ir al Transwaal gracias a su amigo el Superintendente de policía de Durban, pero como no era válido tal permiso, al menos según los funcionarios del Departamento Asiático, Gandhi estuvo a punto de volver a Durban. Luego, tras corta reflexión, decidió que debía quedarse en el Transwaal, y para ello solicitó la inscripción en el Tribunal Supremo de aquella región, cosa a la que no se opuso el Colegio de abogados, y poco después, instalaba su bufete en Johannesburgo.

En esta ciudad, Gandhi tuvo que luchar contra la corrupción de los funcionarios, pues los oficiales del Departamento asiático, lejos de proteger a los hindúes, chinos y de otras nacionalidades, dichos funcionarios los llevaban a extremos insostenibles.

Con todo esto, la clientela de Gandhi iba cada día en aumento, lo mismo que su fama como hombre íntegro, justo y bueno, por lo que se vio obligado a emplear a una mecanógrafa, que no discutió con él el tema del sueldo «porque no estoy aquí para que usted me pague un salario, sino porque deseo colaborar con usted, ya que me gustan sus ideales», y contrató los servicios de un joven inglés llamado Louis Walter Ritch, que era un hombre de negocios y teósofo, siendo éste quien le invitó a tomar parte en las reuniones de la Sociedad Teosófica.

Gandhi, gracias a todas estas amistades, no tardó en contar con muchos y buenos colaboradores, que simpatizaban y compartían sus ideas.

Contactos íntimos

Por aquella época, Sjt. Madanjit, llegó hasta Gandhi con la proposición de convertirse en el editor del *Indian Opinion,* y pidió el parecer de Gandhi. Como ya había trabajado en el periodismo, éste aprobó tal propuesta. El periódico empezó a publicarse en 1904, todas las semanas, y Sjt. Mansukhlal fue su primer director. Sin embargo, Gandhi se ocupaba de gran parte del trabajo y, prácticamente, se hallaba a cargo de todo el seminario.

No tardó en comprender que debería invertir dinero en la publicación semanal, y si bien tanto los europeos como los hindúes sabían que él no era el director del *Indian Opinion,* sí sabían que era al menos el responsable de sus actitudes.

Después de todos estos años, siento que el diario sirvió muy bien a aquella comunidad. Todo el tiempo que estuvo bajo mi control, los cambios ocurridos en el diario indicaban las transformaciones operadas en mi vida.

Semana tras semana entregaba mi alma a esas columnas y divulgaba los principios y prácticas del satyagraha, tal como yo los entendía. Durante diez años, o sea hasta 1914, exceptuando los intervalos de mi obligado descanso en la cárcel, difícilmente apareció una sola vez el Indian Opinion sin un artículo mío.

Unto this last

Esta obra de Ruskin ejerció un gran influjo en el alma de Gandhi. Se trata de una obra que plantea que las teorías de la economía social excluyen el principal motivo que impulsa la vida del hombre, y según Gandhi, las enseñanzas que se desprenden de este libro son:

1. Que el dios individual está implícito en el dios de todos.

2. Que el trabajo del abogado tiene tanto valor como el del barbero, en el sentido de que todos tienen derecho a ganarse la vida con el trabajo.

3. Que una vida de trabajo, por ejemplo la vida del labrador o del obrero, es la vida que merece vivirse.

Y Gandhi dijo:

Lo primero lo sabía. Lo segundo llegué a experimentarlo. Lo tercero jamás se me había ocurrido. Unto this last me hizo ver con meridiana claridad que lo segundo y lo tercero iban incluidos en lo primero. Y cuando terminé el libro estaba ya preparado para llevar adelante sus principios.

107

Fue de este modo que nació la Comuna de Phoenix, tras haber adquirido varios acres de tierra muy feraz. En una porción del terreno se cultivaban árboles frutales, como mangos y naranjos, mientras los demás acres estaban sin cultivar.

No había edificaciones, por lo que diversos voluntarios de la antigua unidad de ambulancias de la guerra de los boers le ayudaron, en tanto que varios de sus amigos le hacían donaciones para poder llevar a la práctica el experimento.

Luego, trasladaron las rotativas del *Indian Opinion* a la Comuna, y al tiempo que se cultivaba la tierra también se editaba el *hebdomadario*. Una de las advertencias formuladas por Gandhi a sus labradores fue la de no matar ni hacer mal a las serpientes, a las que consideraba como «unas criaturas amables cuya vida es necesaria respetar».

Al fin vivían en aquella comunidad unas cuarenta personas. Gandhi hizo llamar a su hijo Harilal, que ya tenía dieciséis años de edad, y a su sobrino Gokuldas, hijo de su hermana viuda, y en 1905 llegó su esposa Kasturbai con sus otros tres hijos.

Desde las columnas del *Indian Opinion,* Gandhi luchaba por los derechos de los hindúes, mientras llevaba a cabo su experiencia social en la comuna de Phoenix.

Sin embargo, no se sentía satisfecho, pensando en la opresión que sufrían sus hermanos de raza, no ya sólo en Sudáfrica sino también, y peor todavía, en la India.

Después, cuando en 1906 tuvo lugar la revuelta de los zulúes contra el gobierno inglés, Gandhi, por lealtad con éste, se puso en favor del Imperio, lo que acreditó desde su semanario.

Que el apóstol de la no violencia escribiese en favor de la opresión inglesa contra los zulúes, debió de estar inspirado exclusivamente por una cuestión de oportunismo. Pero lo cierto es que fue nombrado sargento mayor, encomendándosele la formación de un cuerpo sanitario, con lo cual pudo atender a los heridos de ambos lados, lo cual le rehabilitaba ante la opinión mundial.

Gandhi y los suyos quedaron adscritos a una columna móvil, que tenía órdenes de dirigirse a todo lugar donde el peligro se anunciara. En su mayoría se trataba de personal montado. Dos o tres tuvieron que recorrer hasta cuarenta millas en un solo día. Pero en todos los lugares donde estuvieron, Gandhi tuvo que agradecerle a Dios haberles dado la oportunidad de ser tan útiles, cargando, entre otras cosas, a los vecinos de los zulúes sobre las camillas hasta el campamento, porque habían sido heridos por error y atenderlos en su desdicha.

CAPÍTULO XVII

NACIMIENTO DEL SATYAGRAHA

Gandhi empezó a buscar, terminada la sublevación zulú, la autopurificación, la cual no fue sino una acción preliminar del satyagraha, o sea la Fuerza de la Verdad, que fue su arma principal.

> *Comprendo* —dijo Gandhi a este respecto—, *que los sucesos más importantes de mi vida, culminados en el voto de brahmacharya, que empieza con un control sobre el cuerpo, y asimismo el control sobre cualquier pensamiento impuro, toda vez que un verdadero brahmachari ni tan sólo soñará con satisfacer los apetitos de la carne, me estaban preparando secretamente para ello.*

El satyagraha nació antes de ser inventado el nombre. Incluso al nacer, Gandhi ignoraba exactamente de qué se trataba. En gujaratí también se utiliza el término inglés «resistencia pasiva» para describirlo.

> *Cuando en una conversación con europeos comprendí que el término «resistencia pasiva» estaba demasiado simplemente construido, que se le suponía un arma para débiles, que podía definirse como un odio y que, finalmente, podía manifestarse por la violencia, tuve que negar todas estas caracterizacio-*

111

nes y explicar la verdadera naturaleza del movimiento hindú. Y resultó claro que era preciso acuñar una nueva palabra por los hindúes para designar su lucha.

Pero yo no podía encontrar ese nuevo nombre y por lo tanto, ofrecí un premio a través del Indian Opinion al lector que diera la mejor sugerencia al respecto.

Como resultado, Maganlal Gandhi creó la palabra «sadagraha» (sat = verdad; agraha = firmeza) y ganó el premio. Pero para mayor claridad, cambié el nombre por satyagraha, que desde entonces es la palabra empleada en gujaratí para designar esta lucha no violenta.

La historia de esta lucha es la historia del resto de mi vida en Sudáfrica y especialmente de mis experiencias con la verdad en ese subcontinente. Redacté la mayor parte de esta historia en la cárcel de Yeravda y la terminé más tarde, una vez me vi en libertad.

Una aclaración

En realidad, los hechos que dieron nacimiento a la doctrina de Gandhi tuvieron su origen en una ley denominada «Estatuto de enmienda a la Ley Asiática», que exigía a todos los hindúes mayores de ocho años que se empadronasen en un registro donde debían dejar impresas sus huellas dactilares. La verdad era que la legislación inglesa reservaba este tratamiento exclusivamente para los criminales.

Además, se imponía la obligación de llevar una cartilla de identificación, que debía ser presentada cada vez que lo solicitara una autoridad británica. Y si se violaban estas disposiciones, el transgresor podía perder el derecho de residencia y hasta ser deportado.

Gandhi, con toda razón, consideró que dicha ley socavaba los derechos hindúes en Sudáfrica, y el 11 de septiembre

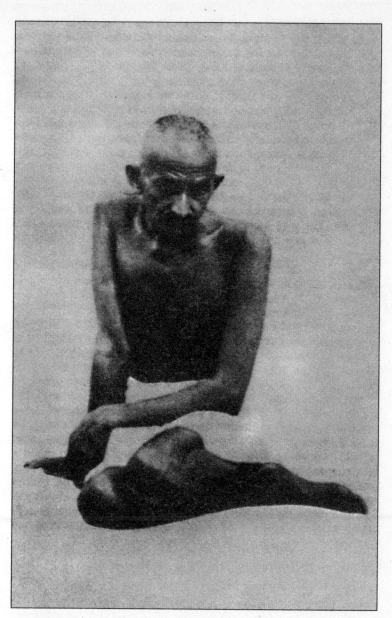

La vida de Gandhi era una fiel muestra de la doctrina que predicaba el «satyagraha».

de 1906 se convocó una reunión en el Teatro Imperial de Johannesburgo, a la que asistieron más de tres mil hindúes. Fue allí donde Gandhi hizo su llamamiento a la «resistencia pasiva», o sea a su satyagraha.

Iremos a la cárcel y nos injuriarán. Nos veremos obligados a pasar hambre y padecer frío y calor extremados. Tal vez nos sentenciarán a trabajos forzados. Y es probable que seamos azotados por las manos de unos guardianes o carceleros bestiales. Tal vez nos multen y nos despojen de nuestras propiedades para venderlas en subasta pública si sólo quedan unos cuantos resistentes. Opulentos hoy, mañana podemos estar sumidos en la miseria. Probablemente nos deportarán. Si padecemos hambre y otras penalidades en la cárcel, algunos de nosotros enfermaremos y moriremos. Resumiendo: es muy probable que tengamos que sufrir los peores tormentos, pero la prudencia consiste en poder comprender que tendremos que sufrir eso y mucho más.

A Londres

La ley no había sido todavía promulgada, por lo que los hindúes amenazados resolvieron enviar una representación a Inglaterra a fin de sensibilizar a la opinión pública de la Isla.

El 3 de octubre, Gandhi y Haji Ojeer Allí, comerciante opulento, embarcaron en el *Armandale Castle,* con destino a Southampton. Estos delegados se instalaron en el hotel «Cecil», y dieron principio a su labor. Incluso contrataron empleados y enviaron, en cuarenta días de trabajo, unas cinco mil cartas. El prestigioso *The Times* se puso de parte de los hindúes, lo mismo que los políticos liberales. Luego, Gandhi habló ante cien miembros del Parlamento y obtuvo su adhesión.

114

El 8 de noviembre, Gandhi y sus delegados fueron recibidos por el Secretario de Estado, lord Elgin, que ya había sido virrey de la India de 1895 a 1899. Elgin admitió que la ley podía ser una ofensa a los hindúes, aunque la calificó también de positiva frente al futuro gobierno que iban a instalar en el Transwaal, independientemente de las decisiones del gobierno londinense.

A continuación, Gandhi se entrevistó con diversas personalidades, entre las cuales se contó Winston Churchill, siendo aquélla la única ocasión en que estuvieron frente a frente. Churchill, a pesar de que jamás estuvo a favor de la independencia de la India, charló amistosamente con Gandhi y le prometió todo su apoyo.

Gandhi, una vez finalizada esta tarea, regresó a Sudáfrica, y al llegar a Madeira se enteró por dos telegramas que lord Elgin había rechazado la ley discriminatoria. Pero no le duró mucho a Gandhi el sabor de su triunfo, puesto que el 1.° de enero de 1907, el gobierno autónomo del Transwaal impuso la ley que tanto odiaban los hindúes.

El satyagraha

Fue el 1.° de julio cuando se inició el satyagraha. Centenares de activistas formaron piquetes, con pancartas donde se leían consignas de protesta. Se apostaron cerca de las oficinas de registro y preguntaban el nombre de los que aceptaban la ley para publicarlos en el *Indian Opinion*.

Si la policía los detenía no oponían la menor resistencia. Pero hubo varios incidentes que entristecieron a Gandhi.

> *Los que fueron amenazados buscaron al momento la protección del gobierno, que consiguieron. Así se inyectó el veneno en la comunidad hindú y los débiles se tornaron aún más débiles.*

115

El 31 de julio, día en que finalizaba el registro, se realizó un acto más de protesta fuera de la mezquita de Pretoria. Y Gandhi arengó a la multitud:

> *Si Dios deseaba que todo hindú del Transwaal quedase reducido a la condición de mendigo antes que obedecer una ley degradante ¡entonces, que así sea!*

Unos meses más tarde, detuvieron a Gandhi y el 10 de enero entró por primera vez en prisión. Era ya el año 1908.

A partir de ese día, las entradas de Gandhi en la prisión, lo mismo que sus famosos ayunos, serían casi consecutivos. Gandhi, haciendo gala de su aversión a la violencia, haciendo gala también de su amor a la India, de su afán de libertad y de independencia para su país, no cejaría en su empeño, y su cuerpo, debido a los ayunos, a las flagelaciones, a las mortificaciones de toda clase, no tardaría en tener el tono macilento, con todas las costillas marcadas, según la clásica figura que del Mahatma Gandhi conserva aún hoy día la Humanidad.

CAPÍTULO XVIII

LA PRIMERA GUERRA MUNDIAL

El día 4 de agosto de 1914, cuando el buque *Kilfanus Castle* se acercaba al Canal de la Mancha, Inglaterra declaró la guerra a Alemania. Dos días más tarde, Gandhi y su esposa se instalaban en una modesta pensión de Kensington, Londres.

Gakhale, con quien deseaban ponerse en contacto, estaba en París con el objeto de probar las aguas de Vichy, benéficas para el tratamiento de su diabetes.

Gandhi, por aquellos días, estaba muy delicado de salud y Kasturbai se preocupó. Los médicos recomendaron al Mahatma que regresara a la India, pues el sol de aquel país podía contribuir a sanarle. Y un día del mes de noviembre, el subsecretario de Estado fue a verle. Gandhi le preguntó:

—¿Qué debo hacer?

—Volver a la India —fue la respuesta—. Sólo allí recuperá la salud. Si, después de recuperarse, continúa la guerra, allí hallará usted, no hay duda, muchas ocasiones de ser útil a los aliados. Le aseguro que lo hecho por usted hasta ahora ha sido ya de singular importancia.

Y, así, el 19 de diciembre de 1914, Gandhi, con Kasturbai, se embarcó en el *Arabia,* rumbo a Bombay, a donde llegaron el 9 de enero de 1915.

Mahatma Gandhi fue recibido con una gran manifestación en su honor.

Gandhi era ya la gran figura de la India.

El hartal

La guerra, en 1916, llegaba ya a su fin. Sin embargo, ahora más que nunca, era necesario fortalecer las líneas de combate con la mayor cantidad posible de hombres. Y Gran Bretaña se fijó en la India. Necesitaban más cipayos.

Cuando Gandhi volvió a su ahsram le escribió al virrey:

> *Tengo la idea de que si actúo como su agente de reclutamiento lograré que lluevan hombres sobre usted.*

Y Gandhi, agente de la paz, se cambió de nuevo en agente de la guerra. Era la última vez y años más tarde tuvo ocasión de lamentarlo.

Cuando hubo concluido el conflicto internacional, todas las promesas hechas por Inglaterra acerca de los derechos y las libertades a los hindúes se convirtieron en papel mojado. Entonces, Gandhi decidió convocar un hartal general en todo el país.

Así, Gandhi formó una asociación llamada, *Satyagraha Sabha* a fin de difundir el satyagraha.

Gandhi, con tal objeto, visitó Allahabad, Madrás y Bombay.

> *Yo cultivo —dijo— el valor sereno de morir sin matar. Sé que la no violencia es infinitamente superior a la violencia, que el perdón es más civilizado que el castigo. Que el perdón es la mejor cualidad del soldado. Pero abstenerse de castigar no es perdón, sino cuando existe el poder de castigar. No tiene el menor sentido en un ser impotente... Y yo no creo impotente a la India. Cien mil ingleses no pueden dar miedo a cuatrocientos millones de indios. No violencia no es la sumisión benévola al dominador. La no violencia opone toda la fuerza del espíritu a la*

118

voluntad del tirano. El progreso no consiste sino en purificar el sufrimiento, evitando hacer sufrir.

Los Rishis, que descubrieron la ley de la no-violencia en medio de las peores violencias, eran genios mayores que Newton, mayores guerreros que Wellington. Contra la no violencia no prevalece ningún arma. La religión de la no violencia no es sólo para los santos sino para el común de los hombres. Es la ley de nuestra especie, como la violencia es la ley del ser irracional. La dignidad humana quiere una ley más elevada: la fuerza del espíritu. Yo deseo que la India practique esta ley, quiero que sea consciente de su poder. Si la India hiciese de la violencia su ley, no me interesaría ya continuar viviendo en la India.

Mi patriotismo está subordinado a mi religión. Yo me aferro a la India como un niño al seno materno, porque siento que ella me da el alimento espiritual que necesito. Si este alimento llegase a faltarme, sería un huérfano. Me retiraría a las soledades del Himalaya...

Gandhi elaboró un programa de diecinueve puntos en los que explicó qué era el satyagraha, entre los cuales destacaban los siguientes:

— Desobediencia civil sin sentir ira.
— Soportar la ira de los adversarios.
— Dejarse arrastrar o embargar los bienes.
— Resistir los ataques sin contestar con la violencia.
— No establecer diferencias entre un prisionero común y un desobediente.
— Si un desobediente civil posee una propiedad que considere nacional, no la entregará aunque en ello le vaya la vida. No aguardar favores de la administración.

119

— Todo hindú se mostrará generoso con los musulmanes y en una discusión entre islámicos e hindúes, sólo dará la razón a quien la tenga.

El hartal tuvo lugar el 6 de abril. Y Gandhi dijo:

> *Como el Satyagraha es un proceso de autopurificación, y la nuestra es una batalla sagrada, creo oportuno que ésta comience con un acto purificador. Por tanto, que toda la India suspenda el trabajo y lo dedique al ayuno y la oración.*

En Delhi, piquetes voluntarios vendían folletos políticos, dando así comienzo a la desobediencia.

Y cuando una gran procesión se dirigió a los templos para orar, la policía cargó contra ella. Al enterarse Gandhi, quiso trasladarse a Delhi, pero fue detenido y obligado a regresar a Bombay. Se difundió la noticia de que Gandhi había sido arrestado y algunos ingleses cayeron asesinados en Amritsar, como represalia.

El 13 de abril, cuando cinco mil manifestantes se reunieron en Jallianwala Bagh, el general Fyer, por orden del gobernador, dispersó a la gente empleando las armas, y murieron trescientas setenta y nueve personas, quedando otras setecientas heridas.

CAPÍTULO XIX

UN ERROR GRANDE
COMO EL HIMALAYA

Gandhi se trasladó a Jallianwala Bagh, y quedó convencido de que el espíritu del satyagraha, tanto por los desobedientes como por los soldados, había sido violado.

Realizó una reunión en su ashram, donde exhortó a compadecer a los culpables, para hacer expiación.

Se sometió a un ayuno purificador de tres días e invitó a la población a efectuar un día de ayuno.

Cuando habló en Nadiad se declaró culpable, alegando haber «cometido un error tan grande como el Himalaya», por haber iniciado el movimiento antes de que la mayoría de la gente conociese todas las reglas de la no violencia.

El 18 de abril, a pesar de la presión de los sectores más radicales, decidió suspender la protesta.

> *Traicionaría el satyagraha si permitiese que en su nombre se cometiesen atropellos. Nuestra acción, por el momento, ha de consistir tan sólo en ayudar cuanto sea posible a las autoridades a restablecer la legalidad. Debemos predicar la verdad y la no violencia, el amor por los seres, antes de lanzar un nuevo satyagraha.*

Después, Gandhi asumió la dirección de otro semanario, *Joven India,* y de una publicación mensual, *Navajivan,* el primero en inglés, la segunda en gujaratí, para la difusión de sus ideas.

Mientras tanto, el virrey aceptó la renuncia del general Dyer y nombró una comisión investigadora de los sucesos.

Dyer fue censurado en la Cámara de los Comunes, aunque fue alabado en la de los lores. En toda Inglaterra se abrió una suscripción popular para honrar al general.

El Congreso de Amritsar

Hasta aquel momento, la participación de Gandhi en el Congreso se había reducido a una defensa positiva del hindú, mediante la utilización de esa lengua para pronunciar su discurso sobre la situación de los hindúes en el extranjero.

Luego, en 1919, como homenaje a las víctimas, el Congreso celebró una asamblea nacional en Amritsar. Y unos días antes, la administración inglesa intentó suavizar la tensión social, poniendo en libertad a los presos políticos y promulgando unas leyes que concretaban las reformas Chalmsford-Montagu.

En dicho Congreso, la influencia de Gandhi fue moderadora, oponiéndose a las tesis de Tilak, que proponía boicotear la nueva constitución.

Pero en marzo de 1920, la situación volvió a agravarse, pues la comisión nombrada por los ingleses informó de manera oficial que la responsabilidad de aquella matanza era cosa exclusiva de Gandhi y su movimiento de desobediencia.

Algo más empeoró el asunto: la firma del Tratado de Sevres y el desembarco de tropas griegas en Esmirna. El Imperio Otomano quedó desmembrado, pese a las promesas inglesas formuladas a los musulmanes hindúes.

Entonces, tanto los hindúes como los musulmanes decidieron decretar un movimiento de no colaboración a todos los niveles.

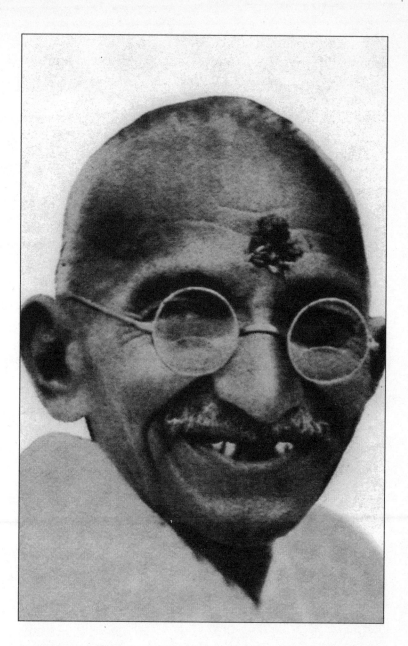

Su rostro reflajaba su lema: «Desobediencia civil sin sentir ira.»

Y no se limitaron a boicotear la ley sino que miles de personas, entre ellas Gandhi, devolvieron al Gobierno imperial todas las condecoraciones y distinciones recibidas del mismo.

Centenares de magistrados y funcionarios hindúes, renunciaron, los litigantes ya no se dirigieron a los tribunales, las escuelas del gobierno se vaciaron y miles de voluntarios concienciaron a la población para que no adquiriese productos extranjeros, lo cual condujo a la «huelga textil». Gandhi, entonces, empezó a llevar ropas tejidas por él mismo.

El *charka,* telar manual con que los hindúes pobres aumentaban sus míseros ingresos antes de la invasión de los tejidos de algodón de Lancashire, se convirtió en un símbolo de la revolución contra el poder occidental.

Gracias a todo esto, las resoluciones sobre la unidad hindú-musulmana, la abrogación del principio de la intocabilidad, y el apoyo al movimiento khadi (tejido obtenido con el *charka*), fueron aprobadas al fin por el Congreso y desde aquel instante los miembros hindúes del Congreso tomaron sobre sí la responsabilidad de remover de la vida cotidiana el principio de intocabilidad y la labor de expandir el movimiento khadi. La adopción de la no-colaboración en la lucha por el Khilafat, constituyó asimismo un gran intento práctico hecho por el Congreso para afianzar la unidad de hindúes y musulmanes.

El movimiento khadi era el promovido por Gandhi acerca del boicot efectuado contra la importación de tejidos y telas desde el extranjero. Con toda probabilidad, fue éste el movimiento que más influyó en el desarrollo de los acontecimientos que a la postre condujeron a la independencia de la India.

Toda la India entra en el movimiento de un modo profundo. Por primera vez Gandhi busca una independencia real de su país, no la simple retirada de los ingleses. Aboga por la desaparición de la «intocabilidad» de los parias y los hombres sin casta, de los excomulgados religiosa y socialmente. Quiere para ellos la dignidad de hombres y para eso empieza por su rehabilitación religiosa, raíz de todas las demás. Sus artículos en *La joven India (Young India)* más que un estado de opinión, tratan de lograr una renovación profunda.

Hagamos un poco de recorrido en síntesis sobre el dominio inglés en la India hasta entonces:

1599: Veinticuatro comerciantes de Londres fundan con un capital de 72.000 libras esterlinas la Compañía de las Indias Orientales. La reina Isabel les concede autorización para comerciar en cualquier lugar del mundo al este del Cabo de Buena Esperanza.

1600: El 24 de agosto, la *Héctor,* una goleta, es el primer buque inglés que llega a la India. Fondea en el muelle de Surat, al norte de Bombay.

1756: Guerra franco-inglesa por la posesión de la India.

1757: El 23 de junio las tropas del general británico Robert Clive aniquilan en Plassey (Bengala), a las fuerzas del último reyezuelo local abriendo paso a la conquista de la India del norte.

1763: Tratado de París, Francia pierde la India en beneficio de Inglaterra.

1773-1818: Guerras contra los marajás.

1857: Primera rebelión de los soldados indios *(cipayos)* al servicio de Inglaterra.

1858: Se disuelve la Compañía de las Indias Orientales: la soberanía absoluta de la India pasa a manos de la colonia británica. El poder es ejercido por un virrey.

1877: Se crea el Congreso Nacional Indio *(Indian National Congress),* partido nacionalista indio.

1906: Se crea la *Liga Musulmana* que agrupa a los musulmanes de la India.

1919: Se sanciona la *Rewlatt Act,* ley que penaba severamente la prédica de la independencia india.

1920: Primera campaña de desobediencia civil de Gandhi.

CAPÍTULO XX

GANDHI, LÍDER DEL CONGRESO

Cuando el príncipe de Gales estuvo de visita en Bombay, los tumultos se sucedieron a diario. Hubo víctimas y Gandhi tomó parte en una solemne quema de tejidos extranjeros, aunque seguía condenando todo acto de violencia.

En febrero de 1922, Gandhi se dispuso a lanzar otro satyagraha. Y desde ahora será ya el gran líder indiscutible e indiscutido.

Poco después falleció Tilak, lo que sirvió para que Gandhi viese aumentado su liderazgo. El pueblo le veneraba y el Congreso le concedió poderes ilimitados. A su paso, acudían a verle y seguirle los pobres, los menesterosos, los ascetas y los pordioseros. Y como en la India existe la creencia tradicional de que si los ojos de un individuo se cruzan firmemente con los de un santo se consigue la purificación, eran muchos los que intentaban atraer las miradas de Gandhi.

Gandhi, en aquella época, escribió en *Joven India*:

> ... *Ninguna provocación justificaría jamás la matanza de personas indefensas y a merced de la multitud, cuando la India proclama que no es violenta y desea subir al trono de la libertad por la vía de la no violencia.*

Gandhi le pidió al virrey, que a la sazón era lord Reading, la autonomía (todavía no la independencia), pero se vio rechazado en sus pretensiones, a pesar de amenazar con el abandono del Imperio por los hindúes, dando el plazo del 15 de febrero.

Pero el Congreso, aprobando la proposición de Gandhi, suspendió el movimiento independentista, y el gobierno arrestó a Gandhi bajo la acusación de haber escrito artículos y libelos contra Su Majestad Británica. En el juicio, Gandhi manifestó:

> *Ansío destacar toda la reprobación que el abogado general ha echado sobre mis espaldas por los sucesos de Mobay y de Chauri-Chaura (donde habían quemado a varios policías). Y yo estoy aquí para padecer por todo esto, cuando la no violencia es el primero y el último artículo de mi fe. Sabía que era peligroso pero creí que era deber mío arriesgarme... Y si me dejáis en libertad, volveré a empezar. Por lo tanto, señor juez, no tiene más remedio que absolverme desligando su responsabilidad de la del sistema al que sirve o, si cree en él, condenarme a la pena máxima.*

El juez alabó el contenido de sus ideas pero añadió que estaba obligado a acatar la ley, y le condenó a seis años de prisión. Y Gandhi ingresó pacíficamente en ella, llevando como única prenda el *madura*, o traje de duelo, que ya usó toda su vida.

La campaña de la sal

Gandhi sólo estuvo dos años en la cárcel, donde enfermó, y al iniciarse su convalecencia fue puesto en libertad sin condiciones.

En 1927, el Congreso se reunió en Madrás, y como había muerto Das, a Gandhi le ofrecieron la presidencia del movimiento, proclamando acto seguido la completa independencia del Imperio.

En 1928, en el Congreso de Calcuta, Gandhi, apoyado por la Unión Juvenil, cuyo líder era Jawaharlel Nehru, propuso un proyecto de constitución a fin de transformar a la India en un Dominio británico. Pero había una condición: que el Parlamento inglés sancionase la nueva situación de Dominio antes del 31 de diciembre de 1929.

Como el gobierno de Londres ni siquiera se dignó contestar a esta propuesta, el Congreso, bajo la presidencia del pandit Nehru, rompió el diálogo con los ingleses y se propuso alcanzar ya una plena independencia para la India.

Como es natural, Gandhi también apoyó esta postura, y organizó una nueva desobediencia.

Por su parte, el Congreso proclamó la independencia de la nación, ondeando la bandera hindú en todo el país, y bordaron la rueca de hilar en la bandera independentista como símbolo del movimiento originado por Mahatma Gandhi.

La campaña de desobediencia se inició con el monopolio de la sal, que era una reglamentación tremendamente odiosa para los hindúes, que afectaba más que nada a los más pobres.

Unos días antes, Gandhi dirigió un comunicado al virrey desde el Monasterio del Satyagraha, donde decía que consideraba al gobierno británico como una verdadera desdicha por *haber empobrecido a millones de seres pasivos con un sistema de explotación progresiva y con una ruinosa administración civil y militar que el país no puede soportar.*

Y añadía:

Prácticamente, nos ha llevado a la esclavitud. Ha minado los cimientos de nuestra cultura y, al dejarnos cruelmente desarmados, nos ha degradado moralmente ya que, faltos de fuerza interior, nos hemos visto arrastrados a un estado de impotencia lindante

con la cobardía, y si usted no halla una solución y si
esta misiva no produce el menor efecto dentro de su
corazón, el día 11 de este mes, mis amigos de la
ashram y yo iniciaremos la desobediencia a las orde-
nanzas sobre la sal. La verdad es que estoy admirado
incluso al considerar que hayamos estado tanto
tiempo sometidos a este inicuo monopolio.

Y Gandhi, seguido de setenta y nueve estudiantes, salió del ashram de Sabarmati, yendo hacia la costa para fabricar sal. A medida que avanzaban en la marcha, se iban incorporando gentes y más gentes. Cuando llegaron al mar de Dandi, el 5 de abril, la manifestación era algo monstruosa. Al día siguiente, el Gurú produjo unos gramos de sal en la playa. A partir de entonces, todo el pueblo tomó parte en el movimiento y los campesinos dejaron de pagar los impuestos. Por otra parte, los juzgados quedaron abandonados y la gente dejó de adquirir telas importadas de Occidente.

La asamblea de la Mesa Redonda

A raíz de los anteriores sucesos, los ingleses detuvieron a Gandhi y Nehru, pero inesperadamente, los hindúes, en un número que sumaba varios millares, efectuaron otro movimiento, a cuyo frente se hallaba Kasturbai, que también fue arrestada.

La mujer de Gandhi secundaba en todo a su marido, y en un mensaje público dijo:

No hay duda de que si la India despierta de su
letargo y pone seriamente manos a la obra cons-
tructiva del Congreso, no sólo obtendremos la liber-
tad del país y la de mi esposo, sino que resolveremos
de forma satisfactoria las tres cuestiones por las que

hemos luchado y padecido durante dieciocho meses. El remedio está en nuestras manos. Si fracasamos, la culpa será nuestra.

Unas semanas más tarde, el gobierno británico decidió crear unos gobiernos hindúes, que serían responsables ante las asambleas legislativas de cada provincia, manteniendo un gobierno central controlado por los ingleses.

El primer ministro McDonald convocó una asamblea para discutir este plan, llamada «Mesa Redonda». La asamblea se celebró en Londres, y a la misma se invitó a los representantes de las distintas comunidades hindúes, y a los delegados de los partidos políticos y los príncipes del país.

Pero el Congreso rechazó la invitación y la asamblea constituyó un rotundo fracaso.

El gobierno de Londres, para intentar un acercamiento al país, puso en libertad a Gandhi el 25 de enero de 1931.

Acto seguido, Gandhi y el virrey se entrevistaron y llegaron a un acuerdo, conocido como Pacto Irvin-Gandhi, mediante el cual el gobierno modificaba las ordenanzas sobre el monopolio de la sal y liberaba a los detenidos políticos.

Fue entonces cuando el Congreso decidió asistir a la asamblea, con una delegación presidida por el propio Gandhi.

La conferencia se prolongó hasta el 1.º de diciembre, alcanzándose un acuerdo algo ambiguo acerca de la nueva constitución, pero debido a otras causas, entre ellas un desacuerdo entre los representantes de las comunidades y Gandhi acerca de los intocables y los musulmanes, la conferencia fracasó.

De vuelta a la India, Gandhi pasó por Suiza donde visitó a su amigo y biógrafo, Romain Rolland. Luego, fue Mussolini quien le invitó a Roma, siendo recibido por el dictador fascista «en una sala decorada con armas, y en donde unos mosqueteros le rindieron homenaje con puñales».

Gandhi, a raíz de tal visita, dijo:

*Mussolini hacía girar sus ojos en todas direccio-
nes para fascinar y aterrar a sus interlocutores, pero
yo no me dejé aterrar.*

Cuando Gandhi llegó a Bombay se enteró de que habían
detenido a Nehru y a otros líderes del movimiento independentista. Y tras otro intercambio de misivas con el virrey,
Gandhi, en enero de 1932, proclamó la consecución de la desobediencia. Un día más tarde era detenido junto con su ayu-
dante V. Papel, siendo ambos llevados a la prisión de Yeravada.

Jawaharlal Nehru. Había nacido en Allahabad, en Cachemira
en 1889. Hijo de brahmanes ricos. A los 16 años fue a Inglaterra.
Estudió en Harrow, en Cambridge y en Oxford. Su formación
era esmerada y poseía una vasta cultura. Orador elocuente, se
distinguió también como fino escritor. A los 23 años abrazó
la causa del nacionalismo indio, por la que fue encarcelado
nueve meses. Fue un ferviente admirador y discípulo de Gandhi,
a pesar de que a diferencia de su maestro, Nehru era agnós-
tico y simpatizaba con las ideas socialistas. En 1947 era ya el
delfín de Gandhi, que lo distinguió con su aprecio. Ocuparía
el cargo de primer ministro de la India desde la independencia hasta su muerte, el 27 de mayo de 1964. Junto con Tito y
Nasser fue el principal propulsor de la famosa conferencia de
Bandung (1955), que dio origen al movimiento de la no-ali-
neación. Se le llamaba «el hombre de la rosa» por su costumbre de llevar en el tercer botón de su chaleco una rosa roja.
Su hija sería la molograda Indira Gandhi.

Mohammed'Ali Jinnah. El «padre de la patria Pakistaní»
había nacido en 1876 en Karachi en el seno de una familia
musulmana (su abuelo se había convertido al Islam). Como
Gandhi y como Nehru, había estudiado en Inglaterra. A diferencia de éstos, prefirió vestir toda su vida trajes de corte
europeo. Era un brillante abogado y perteneció, al igual que

muchos otros musulmanes, al partido del Congreso, hasta que al fundarse la Liga Musulmana ingresó en sus filas. Pese a convertirse en el jefe de un partido integrista, Jinnah no observaba los preceptos de su religión: bebía alcohol y no frecuentaba la mezquita. Su rasgo más destacado fue su obstinada voluntad y su fortaleza para la negociación. Permaneció soltero. Murió de tuberculosis en septiembre de 1948.

He aquí los líderes; veamos ahora esquemáticamente las premisas de las dos religiones mayoritarias del inmenso y variopinto escenario:

Hindúes (280 millones). Originados de la unión de las tribus arias llegadas a través del Irán hacia la mitad del segundo milenio a. de C., son la población aborigen del Indo. Sus libros sagrados son *Los Vedas,* escritos en védico (una forma arcaica de lo que después sería la lengua sánscrita clásica), que se componen de cuatro colecciones: el *Rigveda,* el *Samaveda,* el *Yajurveda* y el *Atharvaveda.* Existen, además, los *Brahmana,* los *Arankaya* y las *Upanisad.*

La religión hindú no tiene fundamento, dogma ni liturgia. Considera que Dios está en todas partes, o mejor es el todo que comprende todas esas partes (*panteísmo,* del griego «pan» = todo, y «theos» = Dios) y lógicamente, por ser el mismo Dios puede asumir las formas del fuego, las plantas, los animales, la tierra, etcétera.

La oración es solitaria. Se reza a un dios personal, lo cual no obsta para que se realicen ceremonias colectivas de purificación.

En los templos hindúes, las divinidades, más de 3.000 según una complicada Mitología diferenciada del Dios Universal Todopoderoso, asumen formas muy diversas: serpientes, elefantes, jóvenes vírgenes e incluso parejas representadas en posturas eróticas, puesto que el erotismo es fuente procreadora de vida y no hay nada impuro en sus manifestaciones.

Se cree en el carácter sagrado de las vacas, animales tabú, esto es, intocables.

Cuando Gandhi inicia su vida pública, socialmente los hindúes ocupaban los principales puestos en la administración y el comercio.

Musulmanes (115 millones). Tras una primera penetración en los siglos VIII y IX, se esparcieron por la India después de las invasiones de mongoles musulmanes, cue abrieron las victorias de Gengis Khan y de Tamerlán (siglos XIII-XV).

Son monoteístas (un solo Dios, Aláh; creen en Mahoma como su profeta).

Su libro sagrado fundamental es el *Corán*.

En las mezquitas, o casas de oración, está prohibida cualquier representación física de Aláh.

La oración es en común los viernes: se reza en las mezquitas, salmodiando el *Corán*.

Su religión favorecía las conversiones: muchos musulmanes eran antiguos *intocables* que abrazaban la de Mahoma para escapar a su marginación social.

En el orden social, aunque había ricos burgueses mumulmanes, eran, en general, campesinos y artesanos pobres.

Como escribió el gran etnólogo Lévi-Strauss, el atractivo del Islam radica en su *simplicidad*.

Gandhi presidió la delegación del Congreso a la segunda «Mesa Redonda» celebrada en Londres.

CAPÍTULO XXI

LA SEGUNDA GUERRA MUNDIAL

En Europa, todo apuntaba ya a un nuevo conflicto armado que podía degenerar, como así fue, en una segunda guerra mundial.

Gandhi, tras volver a salir de la cárcel, se había retirado a su ashram de Sabamarti, donde estaba dedicado a la meditación trascendental y a la enseñanza de los niños, mientras la presidencia del Congreso se había confiado a la poetisa Sarojini Naidu.

Gandhi, en lo más recóndito de su corazón temía tanto al fascismo como al nazismo, y el 23 de julio de 1939 le envió una carta a Hitler, y otra el 24 de diciembre de 1941, ninguna de las cuales obtuvo respuesta.

Cuando las tropas de Hitler penetraron en el país de los sudetes, en Checoslovaquia, Nehru se hallaba en Londres, y publicó una carta en el *Manchester Guardian,* donde criticaba las posturas de Francia e Inglaterra. Por su parte, el Congreso hindú expresó su completa solidaridad con los pueblos oprimidos, como Abisinia, Checoslovaquia, España y China, pero Gandhi no se mostró dispuesto a colaborar con el Imperio británico, y en una autocrítica, dijo:

> *Cuando colaboré con el gobierno británico en ocasión de la guerra de los boers, y en la Primera Guerra Mundial, lo hice pensando exclusivamente en lograr para mis compatriotas un trato de igual-*

dad con los demás súbditos del Imperio, además de cumplir con un deber de ciudadanía y humanidad. Me equivoqué, y así me lo demostró el decreto de lord Rowlatt, lo que me impulsó a combatirlo denodadamente. Luego, vinieron los horrores del Pendjab, iniciados con el asesinato de Jallianwala Bahg, y culminando con las escenas vergonzantes de azotar públicamente a la gente, sometiéndola a las humillaciones más bajas.

Los nazis de la India

Fue en el seno del Congreso hindú donde se creó un grupo de tendencias fascistas, mejor aún nazis, presidido por Subhas Chandra Bose, el cual fue elegido presidente del movimiento nacionalista en enero de 1939. Debido a esto, renunciaron a su escaño doce de los quince miembros del Ejecutivo.

Gandhi intervino a fin de mantener el Congreso al margen del conflicto internacional, y en una asamblea celebrada en Tripuri, se defendió la misma línea defendida ya años antes por Nehru y Naidu.

Bose fue perdiendo la confianza de su propio partido y al final renunció a su grupo, puesto que su propuesta de atacar a los británicos pactando con el Eje se consideró demasiado oportunista, y según Gandhi, *esto equivaldría a cambiar de collar.*

Cuando fue invadida Polonia dos semanas más tarde, el Congreso hindú declaró que, si bien la India no deseaba entrar en el conflicto, colaboraría con los países democráticos, si los principios de la democracia eran aplicados en la formación de un gobierno nacional, responsable ante una asamblea central libremente elegida por el pueblo.

La obstinación de Inglaterra

Sin embargo, Inglaterra, que se hallaba sola contra el enemigo, y sólo en parte se veía asistida por el gobierno norteamericano de Franklin Delano Roosevelt, no quiso en modo alguno reconocer los derechos de la India. Y así, Nanda escribió:

> *El Congreso planteó al Gobierno dos problemas básicos: definir la forma cómo llevaría la guerra, respecto a la India, y concederle a ésta un anticipo de esa libertad y democracia por las que iba a luchar a instancias de Gran Bretaña. Pero la mentalidad de 1935-1937 seguía vigente en 1939-1940, por parte inglesa y ni Neville Chamberlain ni lord Lilinthgow fueron capaces de realizar un esfuerzo imaginativo.*

El Congreso no aceptó otra asamblea, decidiendo enfrentarse de nuevo a la autoridad británica, acción que los ingleses consideraron de apoyo a los enemigos nazis. Y en efecto, los británicos trataron de acusar como tales a los nacionalistas, reprimiendo toda clase de manifestaciones en la India, de manera cruel y despiadada. Se estableció el toque de queda y se impusieron multas colectivas.

La muerte de Kasturbai

En agosto de 1940 Churchill prometió conceder la independencia a la India al término de la guerra, y Gandhi se mantuvo sosegado, sin organizar ningún movimiento de resistencia.

Cuando Japón atacó por sorpresa la base naval de Pearl Harbour, conquistando también Birmania, la bahía de Bengala quedó expuesta a una acción de la flota japonesa.

139

Nehru y los demás líderes encarcelados fueron puestos en libertad y sir Stafford Cripps llegó a la India con nuevas proposiciones de parte del gobierno inglés, pero el Congreso pidió que se trasladase a un gobierno hindú provisional la defensa de la India. Ante esta solicitud, Churchill ordenó la detención de todos los miembros del Congreso y de Gandhi.

El Mahatma quedó encerrado en el palacio de Aga Khan, acusando a la administración inglesa de haber provocado el movimiento nacionalista. Ante esto, el gobierno inglés tildó a Gandhi de traidor.

De repente, estando preso, Gandhi se enteró desolado de la muerte de su secretario, que también estaba en prisión, y de la de su esposa, Kasturbai, fallecida el 22 de febrero de 1944. Gandhi no pudo estar a su lado cuando murió. Kasturbai había pedido ser incinerada.

Esa mujer amaba a Gandhi extraordinariamente y había sido su gran apoyo y su colaboradora durante toda su vida, por lo que bien puede afirmarse que dio su existencia por Mahatma Gandhi. Como bien dice Gandhi en sus Memorias:

> *Ambos no estábamos ya unidos por la lujuria, sino por el mismo pensamiento sobre la no violencia y el afán de que la India lograra la independencia lo antes posible.*
>
> *Yo* —dice Gandhi—, *quería hacer de mi mujer la esposa ideal. Mi ambición era hacerle vivir una idea de pureza total, que aprendiese y que identificara su vida con la mía. Ignoro si Kasturbai tenía tales ambiciones.*

La lujuria fue, realmente, una obsesión para Gandhi, que trató de apartarla completamente de él y de su esposa, una vez hubieron tenido el último de sus hijos. Era tanta su obsesión en este aspecto, que no tomaba leche, «pues la leche estimula las pasiones animales», y sólo se alimentaba de dátiles, plátanos, nueces, limones y aceite de oliva. Por eso afirmaba:

La concupiscencia de la mente sólo puede ser eliminada mediante un intenso autoanálisis, una entrega total a Dios y, finalmente, por la gracia.

La muerte de Kasturbai fue un terrible golpe para el líder hindú.

Luego, el año 1944, la guerra parecía ya a punto de concluir. En junio de 1944 se produjo la invasión de Normandía; Nagasaki fue bombardeada por los aliados y el general McArthur invadió las islas Palaos, desembarcando en octubre en las Filipinas. Finalmente, el 6 de agosto, la primera bomba atómica *Little Boy,* arrasó Hiroshima.

El 8 de mayo de 1944, Gandhi fue puesto en libertad junto con sus compañeros, trasladándose a Juhu, no lejos de Bombay, a fin de restablecerse, pues su salud, debido a sus achaques y a la muerte de Kasturbai, estaba muy resentida. Escribió desde allí al virrey lord Wawell, pidiéndole una entrevista, pero ésta le fue denegada. También escribió a Churchill, pero el partido conservador fue derrotado en las elecciones generales de Inglaterra, subiendo al poder Clement Attlee, del partido laborista. Este nuevo equipo de gobierno se había propuesto liquidar el Imperio y practicar una política de carácter socialista.

CAPÍTULO XXII

LA INDEPENDENCIA DE LA INDIA

A continuación, y fiel a sus principios, el gobierno de Attlee envió a la India una delegación a fin de estudiar allí la situación real.

La Liga Musulmana exigió estar representada en las conversaciones para hablar en nombre de todos los musulmanes y exigió tener participación en el gobierno hindú provisional, en las mismas condiciones que el Congreso.

Éste, por su parte, deseaba un nacionalismo laico, como representante de toda la población hindú.

Sangre en la consecución de la independencia

La India, al fin, era ya una nación independiente, pero el país estaba sumido en el hambre y la pobreza más absoluta.

Según B. R. Nanda:

> *La guerra mundial significó la prosperidad de unos pocos, pero la gran mayoría hindú, el espíritu de millones de hombres hindúes, tenía al conflicto bélico por sinónimo de escasez y de elevación de precios, sin que hubiese aumentado la miserable renta per cápita de la población hindú.*
>
> *Un hambre terrible había asolado a la provincia de Bengala, a causa de una fabulosa conspiración*

entre los elementos naturales y la maldad de los hombres... El hambre, la escasez de alimentos, eran un mal endémico en el país, que ahora se veía agravado por la corrupción de los que decían esforzarse por hallar la solución del trágico problema.

Finalmente, estalló la crisis, pero no a nivel social, sino religioso. Los musulmanes y los hindúes, los ricos y los pobres, se lanzaron a la calle en demanda de sus respectivos derechos.

Y el hambre y el temor prendieron la mecha de los sucesos.

Los actos terroristas fueron, así, Sucediéndose en 1946 con la quema de tiendas, autobuses y tranvías. Las unidades aéreas intentaron sublevarse y en la base naval de Bombay hubo una sublevación.

Gandhi propuso la formación de un Estado federal que abarcase todos los territorios de la India, y el 27 de julio de 1946 la Liga Musulmana rompió sus relaciones con el Comité inglés encargado de consolidar la independencia, anunciando que pasarían a la acción directa para conseguir la formación del Estado del Pakistán.

El virrey Wawell convocó al pandit Nehru para la formación de un gobierno, pero Nehru propuso este puesto para el líder musulmán Jinnah, el cual se negó a aceptar.

Por otra parte, el Pakistán, con una población de gran densidad, podría llegar a ser la cabeza del Islam, por lo que estas proposiciones debían fracasar.

La gran matanza de Calcuta

Fue en agosto cuando la Liga Musulmana pasó a la anunciada acción directa, teniendo lugar la calificada como Gran Matanza de Calcuta, en la que perecieron más de cinco mil personas.

144

Según Nanda:

> *En Bengala se produjeron movimientos cuya atro-*
> *cidad dolería describir. Los musulmanes contra los*
> *hindúes, los hindúes contra los musulmanes... La*
> *India se hallaba muy cerca del caos.*

Gandhi se dirigió a Calcuta, sabedor de que sería posible evitar estos desastres.

Y, efectivamente, la presencia del líder hindú, amante de la no violencia, calmó los ánimos, al menos en la superficie, porque los musulmanes, descontentos con el giro de los acontecimientos por la influencia de Gandhi, empezaron a buscar la manera de eliminarle.

El largo ayuno

En marzo de 1947, Gandhi se marchó a la provincia de Bihar.

Se habían producido allí varios choques entre hindúes y musulmanes, y Gandhi declaró que si no se restablecía la paz, ayunaría hasta morir.

A la sazón contaba setenta y siete años de edad, y se hallaba casi completamente agotado.

Si bien la presencia de Gandhi en Bihar sosegó los ánimos, la violencia se había extendido por toda la nación, hasta el punto de que al finalizar el año 1947, el número de muertos llegaba casi al millón.

El día 3 de junio de 1947 fue un día infausto, sobre todo para Gandhi, pues Clement Attlee proclamó el plan que dividía de forma definitiva a la nación.

El Congreso y la Liga Musulmana lo aceptaron, mas para Gandhi supuso una de las decepciones más grandes de su vida.

Había pasado en vano treinta y dos años de esfuerzos que habían desembocado en un triste final, al que había que sumar el dolor adicional de que sus propios amigos del Congreso habían dado la conformidad a la división.

Día de la Independencia

El 15 de agosto de 1947 se había proclamado la independencia de la India y el Pakistán.

Gandhi, entonces, se opuso a la división del país, creyendo que la crisis era pasajera, con lo cual tuvo toda la razón.

Al final, treinta y cinco millones de musulmanes decidieron seguir viviendo en la India, mientras Gandhi empezó a luchar con todas sus fuerzas a fin de impedir las matanzas de musulmanes.

Gandhi amenazó con dejarse morir de hambre, y consiguió que en Calcuta reinase una calma más bien relativa.

En vísperas de la independencia, las dos comunidades, musulmana e hindú, realizaron una manifestación conjunta en honor a Gandhi, quien manifestó entonces:

Hemos bebido el veneno del odio y este néctar de la hermandad nos sabe más dulce.

Pero la lucha volvió a comenzar y unos hindúes fanáticos pretendieron asaltar la residencia de Gandhi. Este pasó a Delhi y en diciembre empezó a rechazar todo alimento, afirmando que no cesaría en su ayuno hasta que se acabase toda violencia en el país.

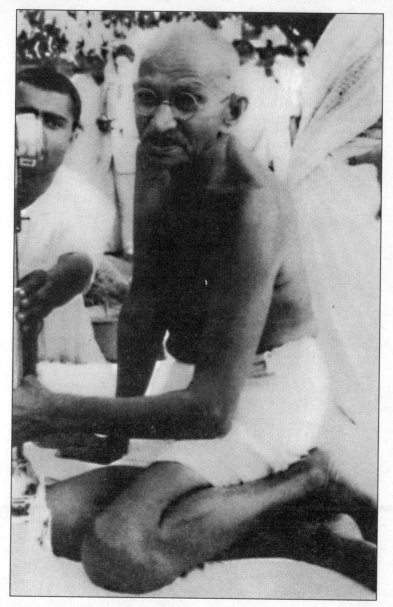

*A cada detención de líderes nacionalistas, Gandhi respondía promoviendo
acciones de desobediencia civil.*

147

CAPÍTULO XXIII

LA MUERTE DE UN GRAN LÍDER

A Gandhi nunca le había asustado la muerte, por lo que se dispuso a morir con el mismo amor con que había vivido.

Según relató en sus Memorias, le explicó a Maurice Schumann que un amigo le manifestó que había presenciado cómo un grupo de hindúes asesinaban a puñaladas a un musulmán.

Gandhi le replicó que hubiese debido intervenir para impedir el crimen, añadiendo:

> Entonces habría ocurrido una de estas dos cosas: o bien, por la fuerza de tu ejemplo, habrías salvado su vida, o bien habrías muerto con él, y habrías salvado tu alma. Supongo —agregó dirigiéndose a Schumann—, que usted habrá captado el sentido de este relato: la muerte que aconsejé a mi amigo... es la muerte que anhelo para mí.

En otro momento exclamó:

> Ya soy un anciano decrépito. Vivo, actualmente, las últimas semanas, los últimos días de mi vida. ¡Ah, cómo desearía que esta vida sirviese para algo! ¡Cómo desearía poder ofrecerla!

El 20 de enero de 1948 estalló una bomba en Birla House, muy cerca de donde Gandhi se hallaba dirigiendo sus rezos. El atentado iba dirigido contra él, mas no hizo el menor caso. Al contrario, perdonó al joven terrorista, al que calificó de equivocado, y pidió a las autoridades que no lo maltratasen.

El terrorista no era otro que un fugitivo del Punjab que se llamaba Madan Lal, que se había refugiado en una mezquita en Delhi. Pero al proclamarse la paz entre hindúes y musulmanes, la policía le había echado de allí. Al igual que Hathuram V. Godse, se había afiliado a un grupo radical que asumía las teorías de Mahasabha sobre la superioridad y reivindicación de la soberanía del hinduismo, y por lo tanto consideraba al Mahatma un traidor. Los fanáticos nacionalistas estaban muy indignados contra Gandhi porque éste había logrado por su influencia personal que el gobierno hindú pagara a Pakistán quinientos cincuenta millones de rupias, una suma que le correspondía en relación con la circulación difuciaria en toda la India.

La policía intentó protegerle, pero él dijo:

> *Si debo morir, moriré en una asamblea de oración. Os equivocáis si creéis que podéis protegerme, porque solamente tengo un protector: Dios.*

El primer ministro del primer gobierno de la India fue Jawaharlal Nehru, y Patel era su mano derecha. En realidad, difícilmente se hubieran encontrado mejores hombres para dirigir el país, pero la colaboración entre aquellas dos personas resultaba difícil, ya que eran de carácter y temperamento completamente opuestos. Entonces se consultó a Gandhi para discernir si se debería elegir a uno de los dos y, en consecuencia, posponer a otro, o si debían de seguir las cosas igual que estaban. Ciertamente, la decisión era muy importante. De lo que Gandhi dijera dependía el futuro de la India.

Patel era indispensable por su amplio conocimiento humano y de las sociedades indias. Finalmente, el 30 de enero, Gandhi decidió que los dos personajes tenían que colaborar por encima de sus diferencias en favor de la India.

Escribió a Nehru para hacerle conocer su decisión y a las cuatro de la tarde de aquel mismo día le comunicó en persona su decisión a Patel.

Poco más tarde, Gandhi cenó. La cena consistió en leche de cabra, verduras crudas y cocidas y un pastel de frutas aderezado con jengibre, limón y acíbar.

Después de cenar, Gandhi salió de la Birla House para dirigir los rezos, y caminaba apoyado en los hombros de sus dos sobrinas, Manu y Ava. En el patio, los presentes se prosternaban a su paso. De pronto, un hombre se le acercó, se inclinó con reverencia ante él y le disparó tres tiros. Gandhi cayó al suelo, muriendo instantáneamente.

Su manto quedó tinto en sangre y la gente se apresuró a llevarse tierra empapada en su sangre, formando, según se dice, un hoyo de casi un pie de profundidad.

Unos días más tarde la policía detuvo al grupo que había tramado el asesinato. El asesino se llamaba Nathuram Godse. Era un hindú radical. El otro miembro del grupo se llamaba Apte; fueron ejecutados el 15 de noviembre de 1949.

Justa sentencia para quienes habían segado la vida de quien pregonó durante toda su vida el amor a la no violencia.

Nación es un término más usado por Gandhi que el de Estado. Estado significa más una entidad superpuesta al pueblo. Puesto que tiende a un gobierno del pueblo mismo huye de esa expresión que separa conceptualmente gobierno y gobernados. La Nación representa a la unidad de un pueblo autónomo e independiente, gobierno y gobernados. Gandhi dio su vida y su esfuerzo por la independencia de su país. La «violencia» de sentimientos de éste no violento, la intensidad de su pasión le marcan en cada una de sus palabras y gestos.

Para Gandhi, la Nación se caracteriza precisamente por
su unidad. La escisión del Pakistán e incluso de Sri Lanka,
es una espina clavada muy profundamente. Nación es una
unidad geográfica y humana. La península del Indostán e
islas adyacentes son una unidad que comporta elementos
distintos, de religiones, de razas, de mentalidades.
«Precisamente esa facultad de asimilación de elementos distintos —dirá—, es una de las pruebas de que se trata de una
nación unida.»

Para él es un absurdo dividir la India en dos o tres Estados
como si se trataran de naciones diferentes, a causa de las diferencias religiosas entre hindúes y musulmanes, o entre hindúes, paquistaníes, cingaleses o tamiles.

Gandhi no era ajeno a la desconfianza entre hindúes y
musulmanes, «pero también los hermanos se pelean alguna
vez —pensaba—, pero pronto hacen las paces y no tienen
por qué llegar a la ruptura». La base cultural, de tradición, de
convivencia, etcétera, superará las pequeñas rencillas.

Su política respecto a los musulmanes siempre fue la de
adelantarse en generosidad, poniéndose de su parte en sus
reivindicaciones específicamente musulmanas, sabiendo que
la comunidad hindú era superior en número y en influencia.

Todavía más absurdo sería para él, el luchador contra la
opresión racial en Sudáfrica, concebir un nacionalismo fundado en las diferencias raciales. Lucha contra el imperia-
lismo inglés, lanza el boicot contra los productos ingleses,
rechaza el uso de la lengua inglesa. Pero nunca le movió el
odio racial. Si rechaza es para que el país pueda usar su propio lenguaje, sacudir la esclavitud económica, gobernarse a
sí mismo. Pero no tiene inconveniente en colaborar con los
ingleses, e invitar a los ingleses a permanecer en el país, si
así lo desean, como personas libres que colaboran al bien
común. Como «servidores» y no como «amos». Pues la
nación ha de ser libre.

Finalmente dirá:

> *Los deberes para uno mismo, para la familia, para el país y para el mundo no son independientes unos de otros. No puede ser uno bueno para su nación perjudicándose a sí mismo y a su familia. Del mismo modo, tampoco se puede servir al país perjudicando al mundo. En último término hemos de morir para que la familia viva, y la familia debe morir para que viva la nación, y la nación para que viva el mundo. Pero sólo se puede ofrecer en sacrificio lo que es puro. Por eso el primer paso es la propia purificación.*

EPÍLOGO

Hasta aquí hemos visto cómo transcurría la vida de este hombre, el Mahatma Gandhi, también llamado, poco antes de la proclamación de la independencia de la India, el «Padre de la Patria».

Ahora, cabe preguntarse: ¿sería la India lo que es hoy sin Gandhi? Rotundamente, no. Su evolución e independencia se aceleraron gracias a la acción no violenta proclamada por Gandhi, que la fue imponiendo sin prisas, pero sin pausas.

En verdad, si durante la época contemporánea ha habido un hombre dotado con el carisma de los antiguos profetas y poseedor de una fuerza de espíritu elevadísima, este fue Mohandas Karamchand Gandhi. Sin embargo, como ya hemos visto en el recorrido por su vida, el gran maestro hindú no se dedicó a fundar ninguna religión.

Tampoco poseía la imagen externa que parece imprescindible a los líderes contemporáneos.

Romain Rolland le había descrito así, en 1932:

> *Gandhi lleva sus grandes gafas cuyos cristales son dos semicírculos encajados, para ver a la vez tanto de cerca como de lejos. Su tez se ve curtida, bronceada por el sol. El perfil de su cráneo es alargado, impresión que acentúa la ausencia de los dientes delanteros que adelgaza un hocico parecido al de un ratón, con el labio inferior bastante grueso y saliente, y el superior recubierto por un bigote gris y ralo. Su nariz es recta, aplastada en su extremo y con aletas*

anchas. La frente es amplia y bien formada y se arruga cuando él habla. La primera apariencia es frágil, engañadora, ya que el hombre es sólido.

Retengamos para nuestro interés la última frase de Rolland: «La apariencia es frágil, engañadora, ya que el hombre es sólido». Evidentemente, tal era el aspecto de aquel líder hindú. Por supuesto, cuando ya se hallaba al final de su vida, la apariencia frágil y engañosa ya no era tal, pues Gandhi se había gastado en los largos ayunos y las largas luchas sin violencia.

Ciertamente, su figura escuálida y semidesnuda era engañosa, pero no podemos dejar de reconocer que nada tan verdadero como su vida y su forma de vivirla.

No obstante, es preciso remarcar que la lucha de Gandhi, como ya se ha venido señalando a lo largo de estas páginas, no terminó con la proclamación de la independencia el 15 de agosto de 1947. Porque, en realidad, no se trataba de la independencia de toda la India, sino de la independencia de una India dividida entre una India propiamente dicha, con una mayoría brahmánica y una minoría musulmana, y el Pakistán, con una mayoría musulmana y una minoría brahmánica.

Además, en esos momentos, en la India se sucedían las luchas comunales y religiosas.

Fue entonces cuando el Mahatma decidió que ayunaría hasta morir, si era preciso, a fin de que terminasen aquellas luchas internas.

La espiritualidad de Gandhi

Ciertamente, no es fácil hacer un resumen de la historia de la espiritualidad hindú. Empezó diez siglos antes de Jesucristo, con las compilaciones de los Vedas, los cuales demuestran la espera de la llegada del Salvador.

156

Desde tiempos remotos se tenía en la India la creencia de la transmigración de las almas. Sin embargo, para los hindúes, la metempsicosis está subordinada a la vida moral de los hombres, y de esta idea surge la distinción entre miembros de casta y descastados, de la misma forma que surge, entre las castas, la distinción entre castas superiores y castas inferiores.

Es de esta forma cómo nace la idea de la libertad en la India, ya que el carácter de cada nuevo nacimiento depende de la elección que se ha tomado en una vida anterior.

Son cuatro los caminos que conducen a la salvación y a la reencarnación en una vida mejor. Estos cuatro caminos son: el conocimiento, la acción desinteresada, la devoción y el yoga (que sería la introversión o santidad).

Gandhi no eligió entre estos cuatro caminos, pero supo unir los tres primeros por medio de la acción, aunque fuera una acción no violenta.

Desde el momento en que Gandhi abandonó la India para cursar estudios de Derecho en Inglaterra, hizo voto de castidad —recordemos que esto le vino impuesto por su madre, pero nunca se arrepintió de ello—. Así, escribió en sus Memorias:

Si quieres ser grande, limítate. El hombre únicamente es hombre si es capaz de dominarse.

En su forma de vivir, se puede rastrear el influjo de las doctrinas de su familia, perteneciente a la secta visnuita y respetuosa con los principios del jainismo. En efecto, los visnuitas valoran de una forma especial la experiencia mística y el seguimiento de las llamadas interiores, y consideran que la fuerza del espíritu de un hombre depende de la pureza de sus sentimientos y de su capacidad para perdonar a los demás, a la vez que ponen un marcado interés en las prácticas ascéticas que ayudan a dominar las pasiones.

Así, vemos a Gandhi siempre abierto al diálogo y a la comunicabilidad o, lo que sería lo mismo, a la reconciliación. Ejemplo de ello lo tenemos en la vía pacífica del diálogo con Occidente para conseguir la liberación de Oriente. Para el Mahatma, la igualdad era esencial para el diálogo.

Posiblemente, tardó algo de tiempo en concienciarse de tal situación, al menos en su vida íntima, personal, con su esposa, Kasturbai. Pero en el momento en que se dio cuenta de que la mujer no servía únicamente a la lujuria del marido, se inició en el matrimonio una vía de comunicación que duraría hasta el fin de los días de Kasturbai. De la misma forma, aplicaba esta misma comunicabilidad a cualquier situación de su vida. Comunicabilidad de los medios y los fines, comunicabilidad del pensamiento y de la acción...

> *Hay quien dice —escribió Gandhi— que los medios no son más que medios. Pero yo digo que los medios lo son todo: según sean los medios, así será el fin. Si empleamos medios violentos, la liberación será violenta, de tal forma que sería una amenaza para la India y para el mundo entero.*

¿Se puede decir que la no violencia fuese, a sus ojos, susceptible de una aplicación universal? Por supuesto que sí. Y al presentar la no violencia como una forma de guerra justa, al no discutir nunca la legitimidad de la fuerza al servicio de la justicia, Gandhi se mantenía fiel a la doctrina del Gita.

Por otra parte, la comunicabilidad del pensamiento con la acción era base fundamental en el pensamiento de Gandhi. De esta manera, Gandhi siempre vivió intensamente según la mística del amor y de la pobreza. Por eso rechazó el lujo y vivió de acuerdo con su forma de pensar en un ashram abierto a todo el mundo.

Durante una tregua entre los nacionalistas y el Gobierno británico, representado por Sir Stafford Cripps.

En sus prédicas, Gandhi siempre intentó que sus discípulos adquirieran conciencia de sí mismos y de sus posibilidades. Así, en más de una ocasión dijo:

> Es cierto que sois perseguidos, pero también sois perseguidores. Es cierto que el orden social no es más que un aspecto del orden cósmico. Pero una sociedad basada en la distinción de castas y de parias es contraria al orden natural. Por lo tanto, no os quejéis y empezad por ser mejores que los demás. Será la única forma de merecer y conseguir su respeto. Y, si no es así, cuando menos seréis los mejores.

Así vivió y así murió el Alma Grande, el Mahatma Gandhi. Consiguió, finalmente, antes de morir, restablecer la paz civil y detener las luchas comunales. Murió agotado, cansado y decrépito por la lucha, por la acción no violenta, pero con sus objetivos cumplidos.

APÉNDICE

A modo de colofón, reproducimos algunos de los testimonios de personas que conocieron a Gandhi personalmente o bien que se interesaron por su obra y que no pueden faltar en una biografía de este personaje.

Jawaharlal Nehru

«Este hombre pequeño, con poca fuerza corporal, tenía la dureza del acero con mezcla de granito, pues no cedía ante fuerzas terrenales por grandes que fueran.

Pese a su presencia física totalmente insignificante, se podía descubrir en él una regia superioridad que forzaba a que los demás le obedecieran de forma espontánea.

Gandhi se encontraba lleno de convicción y su aspecto demostraba una serena meditación, siendo humilde y delicado, aunque, no obstante, rebosaba fuerza y autoridad. El era consciente de esto y a veces se mostraba lo suficientemente imperioso como para dar órdenes que exigían obediencia.

Los ojos de ese hombre, profundos a la vez que serenos, cautivaban y sondeaban suavemente el interior de su interlocutor. La voz era clara y sonora, y sabía suscitar una respuesta apasionada. Ya fueran los que le escucharan una sola persona o un millar de ellas, su encanto y su capacidad de seducción se apoderaban de ellos y cada uno tenía la sensación de ser el único interlocutor.

Esta capacidad de fascinación no era fruto de la elocuencia ni de la retórica de sus frases. En su lenguaje, siempre sencillo y claro, pocas veces se deslizaban palabras que no fueran imprescindibles. Lo que en verdad impresionaba era su extrema rectitud como hombre y su fuerte personalidad.

Una de las facetas más destacables de Gandhi era su gran capacidad de atraer a sus oponentes a su causa o, cuando menos, de dejarlos desarmados.

Su lenguaje era sencillo, su voz y su apariencia serenas, pero sus palabras penetraban hasta el más recóndito rincón de nuestros corazones y cerebros, y provocaban una singular agitación. Gandhi predicaba un camino, que aunque era duro y difícil también era animoso y llevaba —o cuando menos lo parecía— a la tierra prometida de la libertad.

¡Qué hombre tan maravilloso era Gandhi, con su asombroso e irresistible encanto y su poder de fascinación sobre las personas!

Tanto sus escritos como sus sentencias apenas dejaban traslucir su interior, y su personalidad era mucho más rica de lo que se podría deducir por sus testimonios. Infundió al pueblo de la India valor y dignidad, a la vez que disciplina, tenacidad y la fuerza para sacrificarse por una buena causa.

El Mahatma era la fiel encarnación de la India, del espíritu de este antiguo país. Él era la India en sí, y también sus debilidades eran debilidades indias. Si se le menospreciaba se estaba injuriando a la nación entera.

Si nos atenemos a sus escritos, éstos no saben hacerle justicia. El era mucho más superior a lo que escribía, por lo que no es del todo justo citar lo que escribió y criticarlo. Su sonrisa dispensaba alegría, su risa era contagiosa e irradiaba felicidad. Cuando entraba en una estancia, el aire fresco que lo envolvía purificaba la atmósfera.

¡Qué problema y qué enigma, no sólo para el gobierno de Inglaterra sino para su propio pueblo e incluso para sus propios colaboradores! En cualquier otro país, posiblemente hubiera estado fuera de lugar, pero la India parece entender al tipo humano profético religioso, que habla del pecado, de la redención y de la renuncia a la violencia.

Gandhi atraía a las personas, pero en última instancia era un convencimiento intelectual lo que las llevaba hacia él y las mantenía a su lado. Podían no estar de acuerdo con su filosofía de la vida o con algunos de sus ideales. Muchos ni tan siquiera le entendieron, pero la acción que él proponía era algo que podía ser captado y valorado con el entendimiento.»

Gopal K. Gohale

«No ha existido un espíritu más puro, más noble, más valiente y más elevado en todo el mundo. Gandhi ha sido uno de esos hombres acostumbrados a una vida severamente ascética y de los que exigen a sus semejantes la práctica de la verdad, de la justicia y, sobre todo, del amor, e infunden a sus hermanos más débiles fe en el porvenir. Fue un gran hombre y un gran héroe, además de un gran patriota, y bien se puede decir que con él la India alcanzó su punto máximo en nuestra época.»

Albert Einstein

«Un dirigente de su pueblo sin especiales apoyos de las autoridades, un político cuyo éxito no se basa en el poder de la tecnología, sino sencillamente en la fuerza de su personalidad que convencía por doquier. Gandhi fue un luchador victorioso que rechazó siempre el uso de la violencia, un hombre sabio y modesto armado con una capacidad de resistencia decidida a la vez que inquebrantable, que consagró su vida y

163

sus fuerzas a mejorar a su pueblo. Gandhi fue un hombre que frente a la brutalidad europea prefería la dignidad del simple ser humano, demostrando así poseer un espíritu superior a los demás.

Posiblemente, las generaciones venideras duden alguna vez de que un hombre así fuese una realidad de carne y hueso en este mundo.»

Martin Luther King

«El Mahatma Gandhi fue el primer hombre de la historia que situó la ética del amor de Jesús por encima de la simple relación individual, elevándola en gran escala a una potencia formidable y socialmente eficaz.

El amor fue para Gandhi una poderosa arma de transformación social y colectiva.

En su método, basado en el empleo de la no violencia y en el amor, descubrí la vía para una reforma social que había buscado durante tanto tiempo.

El pragmatismo de Bentham y Mill, los métodos revolucionarios de Marx y Lenin, la teoría del contrato social de Hobbes, en fin, todo lo predicado hasta entonces, no me producían satisfacción intelectual o moral alguna; en cambio, sí la encontré en Gandhi, en su filosofía de la resistencia no violenta. De esta forma llegué al convencimiento de que este es el único método moral y prácticamente sano que podían utilizar los oprimidos en su lucha por la libertad.»

Karl Jaspers

«Gandhi perseguía lo imposible: hacer política con métodos no violentos. Y de esta forma obtuvo un resonante éxito. ¿Se puede decir, pues, que Gandhi hizo posible lo imposible?

Gandhi aborrecía la violencia, y en cambio la sufrió en sus propias carnes, tanto en las detenciones y encarcelaciones y, finalmente, en su asesinato. Pero no fue ese el motivo de su absoluto rechazo de cualquier tipo de violencia, ya que este es el punto fundamental: por más que dijera de forma clara y sincera que él quería convencer, convertir, que su meta era llegar a un acuerdo con su oponente, de hecho potenciaba y practicaba la coacción moral. Su tolerancia personal, acrecentada de forma desmesurada por la tradicional resignación del pueblo hindú, se convirtió en una especial «violencia» que acabó con la expulsión de los ingleses del país asiático.

Hay que recordar ahora la antigua enseñanza hindú sobre la violencia de los ascetas, los cuales, a fuerza de autoviolentarse continuamente, acumulan una potencia mágica que les lleva a dominar las cosas. Incluso los dioses tienen la potencia de tales ascetas. Y la autodisciplina de Gandhi es inconcebible sin violencia interna. Quien se violenta a sí mismo está preparado para violentar a los otros, aunque sea moralmente. La violencia sobre el otro bajo la forma de presión moral es un elemento característico de la actividad de Gandhi.

Por otro lado, aunque sus postulados sobre la no violencia no la eliminaban de hecho, Gandhi logró su éxito político sin violencia física, aunque bien es verdad que acompañado de un mínimo de actos violentos, no deseaos por él, realizados por parte de individuos aislados. Pero, ¿encontró el método político por el que el derecho vence a la violencia? Esta es otra pregunta fundamental. Para comprender su obra, es decisivo comprobar hasta qué punto se trata de un acontecimiento único y singular. La historia enseña que es factible generar sumisión si se amenaza con el exterminio personal. El dominio absoluto, sea político o religioso, es posible siempre que se ejerza de forma férrea y sin escrúpulos. Este terror origina sumisión y a ella se subordinan incluso los pueblos orgullosos de su libertad.

Ante la pregunta: ¿hasta dónde está dispuesto a llegar el poder cuando se ve amenazado?, los ingleses decidieron que la pérdida del dominio era preferible al terror absoluto. Gandhi podía hablar en público e incluso se permitía su actuación desde la cárcel. Le gestión de Gandhi tenía cabida en el liberalismo inglés y en su concepción del derecho; y, en este sentido, dicha gestión es mucho más el resultado de la orientación política inglesa que de la de Gandhi.

Sin embargo, asombra el hecho de que un hombre, con claro conocimiento de causa y convincente por su trayectoria vital, haya hecho política desde fuera de la política.»

Hem Barua

«En los días de la lucha por la independencia, Gandhi dotó al país de un idealismo esencial e introdujo la ética de la política. El decía: "La política es un arte noble que todo ciudadano debería cultivar." ¿Se puede aplicar este pensamiento a la política actual? ¿No la hemos degradado completamente? En 1947, Gandhi había previsto el futuro: "Me da miedo pensar que no sabremos conservar la libertad que hemos ganado hoy." A pesar de todo, dudo de si Gandhi presentía que la India libre, por la que trabajó incansablemente, se convertiría un día en un nido de estraperlistas, oportunistas y políticos corruptos. Por desgracia, la India ha olvidado a Gandhi y le ha apartado de una forma especialmente grosera en el desván de la Historia.»

Nerhu gobernó la India de 1947 a 1964; el delfín de Gandhi había puesto a su hija Indira el apellido del gran fundador de la India moderna. Indira se hallará al frente del Ejecutivo de 1966 a 1977 y de 1980 a 1984, y el 31 de octubre de 1984

166

Últimas negociaciones con Lord Mountbatten, el nuevo virrey de la India.

moriría asesinada; finalmente el 21 de mayo de 1991 una bomba segaba la vida del hijo de Indira, Rajiv Gandhi, jefe de gobierno de 1984 a 1989 y candidato por el Partido del Congreso en las nuevas elecciones... ¿Quién mató a Mahamat Gandhi? Todos, todos fueron en realidad culpables, la incomprensión, el fanatismo. La democracia más grande del mundo nació bajo el signo de la violencia y por desgracia ésta sigue siendo moneda común en el gran país.

Cinco disputas permanentes continúan caracterizando la milenaria nación:

El separatismo sij: Los sijs representan sólo el 3 % del total de la población india, pero suponen más de la mitad de los habitantes del Punjab, al Norte del país. Los separatistas sijs reclaman la creación de un Estado independiente, el Jalistán. La campaña separatista ha causado 3.260 muertos.

Cachemira. Desde 1947, la adhesión de una parte de Cachemira, de mayoría musulmana, a la India, de mayoría hindú, ha provocado tres sangrientos enfrentamientos con Pakistán, quien también reclama el territorio de Cachemira.

La cuestión tamil. El gobierno de la India envió tropas a Sri Lanka en 1987, a petición de Colombo, sede y capital del gobierno insular, para sofocar la revuelta separatista tamil en aquel país. Los tamiles residentes en el sur de la India no acogieron bien la decisión adoptada por Rajiv Gandhi.

Las castas. El milenario sistema de castas que rige la sociedad india, base de la religión hindú, causa grandes diferencias de clase. El 52 % de la población pertenece a la clase baja, *Sudra,* oficialmente al servicio de los otros tres grandes grupos: *Vaishya, Kshtria* y *Brahman.*

Tensiones religiosas. Las rivalidades tradicionales entre la mayoría hindú (unos 800 millones de personas) y la minoría musulmana (unos 100 millones) arreciaron el año pasado, cuando el partido integrista hindú, BJP, intentó edificar un templo sobre una mezquita del siglo XVI.

¿Hasta cuándo? ¿Cuál puede ser la solución? Sea como fuere, lo cierto es que ya Gandhi intentó paliar este negro panorama, pereciendo en la grandeza de su propia empresa.

LOS ORÍGENES HINDÚES DEL UNIVERSO SEGÚN EL «RIGVEDA»

Cuando no había existencia, ni siquiera había nada,
y no había aire, ni había detrás el cielo,
¿qué es lo que se movía? ¿Dónde estaba? ¿Quién lo guar-
*   daba?*
¿Había entonces agua en el mundo, en insondables pro-
*   fundidades?*

Entonces no había muerte ni había inmortalidad,
ni existía entonces la antorcha del día ni la noche.
El Uno* respiraba sin aliento, autosuficiente.
Entonces había el Uno, y no había otro alguno.

Al principio sólo había oscuridad envuelta en oscuridad.
El Universo no era más que una onda indistinta.
Aquel Uno que llegó a ser, envuelto en nada,
surgió por fin, nacido del poder del ardor.

---

* De la lectura de este poema se extrae que el *Uno* era sinónimo de Dios y a la vez del propio Universo. Surge entonces la duda y se inicia la especulación: ¿Existió realmente una *Creación*, o fue ésta *preexistente*? Y en el primero de los casos, ¿quién fue el Creador? ¡Sólo Dios, el Todo (¿la Creación misma?) puede saberlo...! ¡Si es que lo sabe...!

Al comienzo el deseo descendió sobre él,
el deseo fue la semilla primera de la mente.
Los sabios que han explorado sus corazones reflexiva-
mente
han descubierto que lo que existe está ligado a lo que no
existe.

Y han tendido su cuerda a través del vacío
y saben qué hay arriba y qué es lo que está debajo.
Los poderes seminales fueron fuerzas potentes.
Abajo estaba la fortaleza, y sobre ella el impulso.

Pero, después de todo, ¿quién sabe? ¿Quién podría decir
de dónde vino todo y cómo ocurrió la creación?
Los mismos dioses son posteriores a la creación.
Por tanto, ¿quién puede saber realmente de dónde sur-
gió?

¿Dónde tuvo su origen la creación entera?
¿Fue formada por alguien o acaso no lo fue?
Aquel que todo lo contempla desde el más alto cielo,
sólo él puede saberlo —pero quizá tampoco él mismo lo
sabe.

Así era el mundo que Ghandi encontró, complicado, encerrado en sí mismo, y tan difícil de entender por la mentali-
dad occidental, pero a la vez tan atractivo por el mismo motivo.
Porque cuanto más misterioso se presenta el enigma del alma
hindú, más se desea penetrar en él. Léase con ello las prácticas cada vez más generalizadas de ascetismo, yoga o meditación trascendental y, sobre todo, la ahimdá o no violencia,
concepto fundamental de la filosofía india en un país en que
la misma es moneda corriente. Nadie como Gandhi defendió

y practicó tan simples y pacíficos postulados, pereciendo en su defensa. Mensaje trascendente que en el fondo conduce al eterno e indescifrable: ¿Quiénes somos? ¿De dónde venimos? ¿A dónde vamos...?

CRONOLOGÍA

1869 — Nace Mohandas Gandhi el 2 de octubre, siendo sus padres Karamchad y Putlibai, en Porbardar, en la India.

1874 — Disraeli es nombrado Premier inglés.

1876 — Los Gandhi se trasladan a Rajkot, donde Mohandas Gandhi inicia su fase educativa.

1877 — Victoria de Inglaterra es nombrada emperatriz de la India.

1879 — Gandhi ingresa en la escuela Taluka de Rajkot.

1881 — Gandhi lee la obra teatral *Sharavana Pittribbhakti,* ve la representación de *Harischandra,* y empieza a preocuparse por la cuestión de los parias.

1882 — Gandhi se casa con Kasturbai Makanji, perdiendo un curso escolar, mas con ayuda de sus maestros, lo recupera.

1883 — Surendranath Banerjea (1845-1925) funda la Conferencia Nacional Hindú, en Bengala, para guiar el movimiento nacionalista e independentista.

1885 — Se reúne por primera vez en Bombay el Congreso Nacional Hindú, eje central de los movimientos nacionalistas.

1886 — Fallece el padre de Gandhi, Karamchand Gandhi, y Mohandas finaliza sus estudios.
— Se celebra la segunda sesión del Congreso Nacional Hindú.

1887 — Gandhi se examina de ingreso en la universidad de Bombay y se instala en el Samaldas College, de Bhavnagar, donde sólo reside tres meses.
— Su madre consiente en dejarle ir a Londres a estudiar.

1888 — Tras embarcarse en Bombay, llega a Londres el mes de septiembre y se inscribe en el Inner Temple.
— Nace su primer hijo, Harilal.

1889 — Efectúa en Londres el primer curso de Derecho y se adapta parcialmente a los hábitos de Occidente.
— Ingresa en el comité ejecutivo de la Sociedad Vegetariana.

1890 — Finaliza el segundo curso de Derecho y visita la Exposición Universal de París.

1891 — Termina el tercer curso de Derecho y recibe la licenciatura de abogado, el 10 de junio.
— Regresa a su hogar el 11 del mismo mes.
— Su madre había fallecido unos meses antes.

1892 — Gandhi se inicia en el ejercicio de la abogacía en Bombay.
— Nace su segundo hijo, Manibal.

1893 — Viaja a Sudáfrica contratado por la empresa Dada Abdulla y Compañía. Primero se instala en Durban y pasa después a Natal, interesándose por la situación de los hindúes en aquellos territorios.

1894 — Regresa a Durban y organiza un movimiento de resistencia frente a las leyes discriminatorias contra los hindúes.
— Funda el Congreso hindú de Natal, como réplica al Congreso Nacional Hindú.

1895 — Continúa sus actividades al frente del Congreso hindú de Natal.

1896 — Gandhi vuelve a la India e informa a la opinión mundial acerca de la situación de los hindúes en Africa del Sur.
— Epidemia de peste en Bombay.

1897 — Vuelve a Durban con su familia, estando a punto de ser linchado.

1897 — Se establece como abogado, y su bufete es el centro del Congreso Hindú de Natal.
— Nace su tercer hijo, Ramdas, en el mes de mayo.
— Hay dificultades conyugales entre él y su esposa.
— Ranade funda la Conferencia Social y Nacional Hindú.

1899 — En la guerra anglo-boer, Gandhi organiza un cuerpo expedicionario hindú para misiones sanitarias.

1900 — Nace el cuarto hijo de Gandhi, Devadas, el 22 de mayo.

1901 — Fallece la reina Victoria y Gandhi manda un telegrama de pésame en nombre de la comunidad hindú.
— Retorna con su familia a la India.
— Asiste a la reunión del Congreso en Bombay, informando sobre la situación de los hindúes en Africa del Sur.

1902 — Viaja por varias ciudades como observador.
— Regresa a Sudáfrica en noviembre, solo, instalándose en Pretoria.
— Final de la guerra anglo-boer.

1903 — Gandhi abre bufete en Johannesburgo. Los mineros hindúes padecen una epidemia de neumonía. Gandhi organiza la asistencia, estableciendo un hospital para los afectados.

1904 — Organiza una Comuna en Phoenix con cuarenta personas, con su hijo Harilal y su sobrino Gokulda.
— Lleva a la Comuna los talleres del Indian Opinion.

178

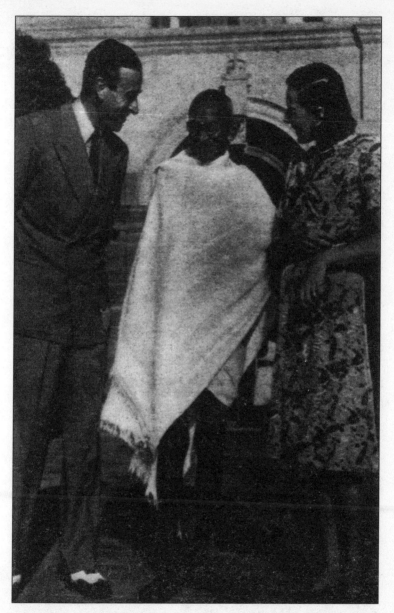

Proclamada la independencia, Gandhi visita a Mountbatten preocu-
pado por la paz entre hindúes y musulmanes.

1905 — Su esposa y sus otros tres hijos llegan a la Comuna de Phoenix.

— En Poona se crea la Asociación de Servidores de la Sociedad Hindú.

— Nombran presidente del Congreso hindú a Gopal Khrishna Gokhale (1866-1915).

— Lord Minto sucede a lord Curzon como virrey de la India.

1906 — El Congreso se reúne en Calcuta, fijando como objetivo un autogobierno.

— Fundación de la Liga Musulmana.

— Gandhi hace voto de castidad y pone en marcha la «satyagraha», debido a un movimiento de rebelión de los hindúes en Johannesburgo.

— Después de la sublevación de los zulúes en Natal, Gandhi organiza un cuerpo militar sanitario, en favor de los ingleses.

— Gandhi va a Londres para defender los derechos de los hindúes, gravemente amenazados por el Estado de Enmienda de la Ley Asiática.

1907 — El primero de enero, el gobierno de Pretoria aprueba el «Estatuto de Enmienda».

— En julio, hay movilizaciones de resistencia pasiva.

1908 — Detienen por primera vez a Gandhi, en el mes de enero.

— Llega a un compromiso con el Gobierno: ya no es obligatorio registrar a los hindúes, pero éstos se inscribían de forma voluntaria. Al no cumplir el gobierno inglés el compromiso estipulado, los hindúes echan la culpa a Gandhi.

1908 — Gandhi organiza un acto de protesta y tiene que regresar a la cárcel.

1909 — Gandhi vuelve a ser detenido en mayo, y queda en libertad.
— Va a Londres para presionar más, en el mes de julio.
— Conoce en Londres a Saverkar, que es partidario de la acción violenta, y a León Tolstoi.
— Regresa en noviembre a Sudáfrica.
— En la India reforman los Consejos Legislativos.

1910 — Se inaugura en Johannesburgo la Granja Tolstoi.
— Continúan los problemas de discriminación, y Gandhi ensaya otro procedimiento para protestar: el ayuno.
— Lord Hardinge es el sucesor de lord Minto como virrey de la India.

1911 — Gandhi mantiene unas relaciones difíciles con su hijo Harilal.

1912 — Junto con Gokhale visita diversas ciudades sudafricanas.

1913 — Las autoridades sudafricanas no reconocen los casamientos no cristianos.
— Se organiza una gran marcha de dos columnas que salen de la Comuna Phoenix y la Granja Tolstoi en dirección al Transwaal.

1913 — Rabindranath Tagore obtiene el Premio Nobel de Literatura.

1914 — Los mineros se suman a la marcha de Gandhi, y éste es detenido dos veces.
— Hardinge le defiende y le ponen en libertad. El general Smuts pacta con Gandhi.
— Reconocimiento de la igualdad de derechos de los hindúes.
— Gandhi va a Inglaterra y llega a Londres justo al estallar la Primera Guerra Mundial. Se pone de parte de los ingleses.
— Conoce en Londres a la poetisa Sarojini Naidu.
— Gandhi cae gravemente enfermo y regresa a la India en el mes de diciembre.

1915 — A su regreso a la India organiza la escuela de Rabindranath Tagore en Santiniketan, inaugurando su propio *ashram*.
— Muere Gokhale, el maestro político de Gandhi, o sea su gurú.
— Los radicales son readmitidos en el Congreso de la India.

1916 — Sesión del Congreso en Lucknow, asistiendo Gandhi. Los radicales consiguen la mayoría y se llega a un pacto entre el Congreso y la Liga Musulmana.
— El Colegio Central de Benarés, fundado en 1892 por Besant se transforma en la Universidad hindú.
— Gandhi pronuncia un discurso virulento.

1917 — Gandhi organiza la «satyagraha» en Champaran y predica la resistencia pasiva en Kaira.
— El Congreso Nacional Hindú elige presidente a Annie Besant, líder de la Sociedad Teosófica.

1918 — Gandhi recluta soldados hindúes para el Imperio inglés, cuando está terminando ya la guerra mundial.

1919 — Gandhi adquiere categoría de líder nacional.
— Predica el «satyagraha» por todo el país.
— El Congreso celebra su reunión anual en Amritsar.
— Se convoca en Amritsar una gran manifestación y el ejército dispara contra los manifestantes, con el resultado de trescientos setenta y nueve muertos y quinientos heridos.
— Se inicia la segunda guerra del Afganistán, que durará hasta 1921.

1920 — Las autoridades inglesas hacen responsable a Gandhi de la matanza de Amritsar.
— Musulmanes e hindúes acuerdan intensificar la resistencia pasiva.
— Fallece Bal Gangadhare Tilak.

1921 — El príncipe de Gales visita Bombay.
— Lord Reading sucede como virrey de la India a lord Chelmsford.

1922 — Gandhi, después de la muerte de Gokhale, Tilak y Melita, es considerado el indiscutible líder del movimiento nacionalista, y por esta causa es condenado a seis años de cárcel.

1923 — Gandhi sigue encarcelado.
— Romain Rolland publica su obra *Mahatma Gandhi*.

1924 — Gandhi, durante la reunión del Congreso en Belgaum, rechaza la presidencia del movimiento y trata de superar las disidencias.
— Gandhi vuelve a ayunar en son de protesta.

1926 — Fallece Das, jefe de sector del Congreso, contrario al boicot.
— Lord Irvin sucede a lord Reading como virrey de la India.

1927 — Reunión del Congreso en Madrás, pidiendo la independencia absoluta de la India. Vuelven a ofrecerle la presidencia a Gandhi.

1928 — Se realiza una reunión del Congreso en Calcuta. Apoyado por el sector juvenil, cuyo líder es Jawahardal Nehru, Gandhi propone un proyecto de Estado hindú como dominio británico.

1929 — La campaña de desobediencia civil está centrada en el monopolio de la sal. Quedan detenidos Gandhi, Nehru, Kasturbal y cincuenta mil hindúes.

1930 — El premier McDonald convoca en Londres una asamblea a la que invita a numerosas representaciones hindúes, pero el Congreso se niega a asistir.

1931 — Gandhi es puesto en libertad y celebra una entrevista con el virrey Irvin.
— Hay levantamientos en varias localidades y quedan en libertad los presos políticos.
— Se celebra la asamblea en Londres. Gandhi preside la delegación hindú.
— Visita a Romain Rolland en Suiza.
— Es recibido en Roma por Benito Mussolini.

1932 — Son detenidos de nuevo Nehru y Gandhi. Este inicia un ayuno apoyando una campaña en favor de los Intocables.
— Lord Willingdon sucede a lord Irvin como virrey de la India.
— En Ottawa se celebra una conferencia del Imperio.

1933 — Vuelven a encarcelar a Gandhi, quien inicia otro ayuno.
— Fallece Annie Bessant.

1935 — Gandhi se concentra en paliar los efectos del terremoto de Patna.
— Lord Linlithgow sucede a lord Willingdon como virrey de la India.

1936 — Gandhi organiza en Faspur una exposición de la industria artesanal.

1936 — Su hijo Harilal se convierte al mahometismo y toma parte en actividades terroristas.

1939 — Gandhi escribe una carta a Hitler que no llega a su destino.
— Es elegido presidente del movimiento el filósofo Subhas Chandras Bose. Pronto pierde partidarios y triunfan las tesis de Nehru y Gandhi contra los alemanes cuando éstos invaden Polonia.

1940 — El Congreso intensifica su presión para lograr la independencia, e Inglaterra, por su parte, replica intensificando las represiones.
— Lord Wawell sucede a lord Linlithgow como virrey de la India.

1941 — Gandhi manda otra carta a Hitler que tampoco llega a su destino.
— Después del ataque japonés a Pearl Harbour, Gandhi es detenido con otros líderes del Congreso.

1942 — Gandhi continúa en la cárcel, sin que se modifiquen las posturas de Inglaterra y el Congreso hindú.

1944 — Muerte de la esposa de Gandhi, Kasturbai, el 22 de febrero.
— Gandhi sale en libertad en el mes de mayo.
— El virrey Wawell no acepta entrevistarse con Gandhi.
— Muere Romain Rolland, su biógrafo.

1945 — Gandhi escribe a Winston Churchill.

— El nuevo gobierno laborista de Attlee intenta solucionar el problema hindú.

— La Liga Musulmana provoca la «gran matanza» de Calcuta.

— Gandhi actúa de pacificador, logrando en parte su objetivo.

— El virrey encarga a Nehru que forme gobierno, pero Nehru propone al líder musulmán Junnah, el cual renuncia.

1947 — Recrudecimiento de la violencia entre las dos comunidades de Bihar. Interviene Gandhi para restablecer la concordia. Lord Mountbatten sucede a lord Wawell como virrey de la India.

1948 — Varios elementos significativos hindúes rechazan la actitud pacificadora de Gandhi.

— El 30 de enero muere víctima de un atentado.

— El 22 de junio, el rey de Inglaterra renuncia al título de Emperador de la India.

ÍNDICE